上喜元《じょうきげん》Ⅲ

税理士
上能喜久治

上喜元 Ⅲ

上能喜久治〔著〕

はじめに

「上喜元」は私、上能喜久治が『ＪＳＫ通信』の巻頭言として書き綴ったものです。

私は税理士として毎日、多くの経営者と接し、またその経営者が経営する会社の業績を見ながら「なぜこの会社は業績が良いのか？」「なぜこの会社は赤字続きで業績が良くならないのか？」ということがわかって来ました。「どうしたら儲かるのか？」「どんなに忙しくてもなぜ儲からないのか？」ということが見えて来ました。

『ＪＳＫ通信』は税理士法人ジェイエスケーが奇数月の隔月に発行している事務所通信です。この『上喜元Ⅲ』は平成二十一年三月一日から令和六年七月一日の間に発行した『ＪＳＫ通信』に記載された巻頭言を『上喜元Ⅳ』と共に経営者としてのあり方や見方、考え方を分野ごとに編集しました。私が書いたのは五年前や十年前のものもありますが今、読んでも陳腐化することなく、その時に書いた感動が蘇ってきます。いつ発行された『ＪＳＫ通信』に記載された記事なのか、その発行日を参考までにタイトルの下に書き添えています。お手元に政治や経済、スポーツ界や芸能界等の事件簿があれば読者の皆様の個人の出来事と共に思い出しながらお読みいただければ立体的に理解が深まることでしょう。

この『上喜元Ⅲ』が業種を問わず、経営者やその後継者、これから起業しようとしている方のやる気や元気、勇気が出てくることを願っております。

令和七年一月五日

税理士法人ジェイエスケー　株式会社ジェイエスケー
税理士　上能　喜久治

第1章
スポーツから学ぶ

一体感がチームを熱く、強くする！

（平成二十一年四月十五日）

WBCサムライジャパンから学ぶ！

日本の二連覇のかかったWBCは原監督が率いるサムライジャパンが大きな興奮と感動を残して日本優勝で幕を閉じました。世界の強豪と言われるキューバ、アメリカ、韓国を倒し、誰もが認める世界一となりました。三年前も王監督の日本チームが優勝しました。このときは韓国とは三回対戦し、一勝二敗でした。韓国から見れば日本チームに勝ち越しているのに〝なぜ、日本が優勝なんだ！〟という疑問も聞かれました。しかし、今回のWBCでは韓国とは五回対戦し、三勝二敗となり、韓国の国民も「日本が世界一」と称えていると聞きます。

原監督はこのチームの最初のミーティングで次のようなルールを定めました。一つは選手起用等について批判禁止。選手一人一人が名選手であるチームを一つにまとめるにはこのようなルールが必要になります。もう一つは弱気の禁止。一人が口にした弱音の言葉はたちまちのうちにチーム内に浸透していきます。だから弱音を吐かないこと、弱気にならないことは強いチームを作っていくには不可欠になってきます。そして試合を重ねる度にサムライジャパンは進化していきました。

孤独感を感じるのか？　それとも一体感を感じるのか？

「経営者は孤独だ」とよく耳にします。経営者対労働者ということを思っているから多勢に無勢、孤独を感じるのです。この労使という思い・考えからともによい会社にしていく同志である、という考えになれば孤独感を感じるのではなく、社員全員との一体感を感じるようになります。このような一体感を感じる会社には派閥もなく、世代間の断絶もありません。それではどうすれば一体感を感じる会社になるのでしょうか？

サムライジャパンの原監督が最初に示したようにまずルールを決めます。

当社にも今月、新入社員が入社してきました。その新入社員が先輩・上司から注意された、叱られたときは最後に必ず「ありがとうございました！」と言うことをルールにしています。そのルールがなければ注意されること・叱られることに慣れていない新入社員は言い訳をしたり、だまりこんだり、泣き出したりします。

もう一つのルールは〝できません・わかりません・聞いてません〟を禁句にしています。その言葉があなたの会社から、お店から、職場からなくなれば社員の考え方・行動・言動が前向きになってきます。

労使ではなく、同志です。経営者も社員もこの一体感を感じるようになった時、その職場には活気がみなぎり、元気な挨拶が飛び交い、業績が上がります。

会社全体の一体感があなたの会社を熱く、強い会社にしていきます。

挫折を知れば強くなる！

（平成二十六年三月一日）

まさかの四位……

ソチ冬季オリンピックで金メダル確実と言われた女子ジャンプの高梨沙羅が四位に終わり、メダルを逃しました。日本中の期待を一身に集めた一七歳の彼女にはそれが大きな重圧になっていたのでしょうか？

試合前のインタビューで彼女はいつも今までお世話になった人たちへの感謝の言葉を述べていました。その言葉を聴いて私は大きな感動を覚えました。「一七歳の女の子がそのようなことが言えるのはすごい。」そして多くの日本中の人々と同様に大きな声援を送っていました。それが何と……。

女子柔道界でヤワラちゃんと言われた谷亮子（旧姓田村亮子）も同じような経験をしてい

ます。金メダルが期待された最初のオリンピック（バルセロナ）では銀メダルでした。その時、谷も高梨と同じように高校生でした。その次のオリンピック（アトランタ）も金メダルの大きな期待をされながらまたもや銀メダルに終わりました。その時の悔しさが大きなバネとなって三回目のオリンピック（シドニー）でやっと念願の金メダルを取った彼女は四回目のオリンピック（アテネ）でも金メダルを連取します。

メダルが取れなくてよかった!?

人生も会社も順風満帆とは行きません。逆風や失敗、挫折や苦難を乗り越える度に人は大きく強くなっていきます。また他人の痛みや苦しみのわかる人に成長していきます。

私も二二歳の時、大きな挫折を味わいました。学生時代の農場経営の夢を実現すべく滋賀県で会社を設立し、土地を取得しました。それからしばらくして「畜産公害反対！」の署名運動が湧きおこり、その計画は中断せざるを得なくなりました。しかし、その時の大きな挫折がその後の私の人生に於いてものすごくいい経験になりました。どんなことが起きようと何でもないのです。何があろうと、何が起ころうと動じることのない自分になりました。つまり、二二歳の時の大きな挫折が私を強くしてくれました。

〝かわいい子には旅をさせろ！〟と言います。若い時に失敗や挫折を経験することはその人を強く逞しくします。

残念ながら高梨沙羅はこの冬季オリンピックでは四位に終わりました。このことは今後の彼女の人生にとってすばらしい経験になった、と思っています。悔しさを味わいました。挫折を知りました。この体験を乗り越えてアスリートとして、人間として大きく成長することでしょう。四年後・八年後の冬季オリンピックでは表彰台の一番高いところに彼女が立ち、君が代が流れている姿が見えます。

今年の当社のカレンダーには次の言葉が書かれています。

苦難のない人生は無難な人生
苦難のある人生は有難い人生

次は東京五輪だ！

（平成二十八年九月一日）

多くの感動を受けたリオデジャネイロ五輪も終わり、次の五輪はいよいよ二〇二〇年の東京です。前回の東京五輪は一九六四年（昭和三十九年）一〇月一〇日に開催され、当時の私は中学二年生でした。聖火リレーが走る姿を見るのに一時間以上前から待ち構えて、その聖火が来たと見えたら一瞬で走り去った記憶があります。今でも大松監督率いる女子バレーボールチームが宿敵ソ連を破り、金メダルを獲得したことなど、しっかりと記憶に残っています。我が家のテレビもこの東京五輪を機にカラーテレビになり、３Ｃ（クーラー・車・カラーテレビ）が一挙に普及した時代でした。生涯で二度もオリンピックを我が国日本で観戦できることに大きな喜びを感じるとともに、東京開催に尽力された関係各位に対して深く感謝申し上げます。四年後に日本選手が活躍する姿を競技会場で、日の丸を振りながら感動の涙で見たい、と思っています。野球や女子ソフトボール、柔道や空手、体操や水泳など見たい競技が数多くあるので、今からワクワクしています。

ところでこのようなスポーツを観戦していて疑問に思うことがあります。例えば柔道やレスリングなどは体重別競技になっているのに、バレーボールやバスケットボールはなぜ身長別ではないのでしょうか？ チームの選手たちの平均身長でハンデをつけることのほうが公平なような気がします。しかしスポーツの世界も政治力が大きく影響します。常に自国の選手たちに有利なようにルールが変更されます。高身長の選手が多い国のチームと日本チームのバレーボールやバスケットボールの試合を観戦すると、身長差があるにもかかわらず一所懸命に活躍する日本選手の姿に大きな拍手を送るとともに、何とかこの身長差をハンデキャップとして得点に反映できないものか？ と考えています。このような協議が各種競技団体の国際機関で審議されたり、検討されたり、日本代表者が提案した、という情報は持ち合わせていませんが、そのような競技団体と何の関係もなく、ただ一人の日本人として私はルール変更を提案します。かつて日本の女子バレーボールチームが金メダルを取るとネットの高さが引き上げられ、身長の低い日本チームは不利になりました。スキーのジャンプ競技でも日本選手が活躍するとスキー板が短くルール変更された、と聞いています。

日本の国技と言われる相撲は五輪競技ではありませんが、この相撲は体重別競技ではありません。身長が低くても、体重が軽くても、自分より大きな力士を倒すところに相撲の醍醐味があります。

二〇二〇年の東京五輪では世界から多くの外国人が日本を訪れます。清潔さや優しさという日本人の素晴しさを知っていただき、日本各地の美しさを見ていただく良い機会になります。一人一人の日本人が心からのおもてなしで世界中の人々をお迎えしたいものです。

目標設定の力

（令和三年九月一日）

多くの感動があったＴＯＫＹＯ２０２０！

日中は連日三五度前後の気温となり、また非常事態宣言下で開催されたＴＯＫＹＯ２０２０も多くの感動を残して終了しました。メダリストだけでなく、このオリンピックに参加した多くのアスリートが「開催して頂いて感謝しています。」という言葉を発していました。マスコミの世論調査ではこの五輪の開催にあたって約半分の人が反対でした。しかし、そのような状況であることを踏まえて開催にこぎつけた五輪関係者に対して心から感謝と敬意を表します。残念ながら多くの競技で無観客となりましたが熱戦の状況はテレビでも充分に伝わりました。

多くのメダリストが幼少の頃からその競技を始め、素晴らしいコーチや監督と出会い（親がコーチの場合も多いが)、〝東京オリンピックで金メダル〟という目標を掲げ、着実にステップアップしていった選手がテレビや新聞、SNSなどで報じられています。

今年、米大リーグのオールスターに二刀流で参加し、六月に続いて七月のMVPに選ばれた大谷選手も高校時代の恩師からマンダラチャートのすごさを教えてもらい、そこに書いたことを着実に達成していっています。

人から笑われても〝できる!〟と思う大きな目標を!

昭和六十三年に三七歳で創業した私が一〇年後の目標として掲げたのは、

1. 三〇名体制　年商三億円
2. 国道一号線沿いに自社ビルの竣工

でした。多くの障害や事件に遭遇しましたがその二つの目標は実現しました。

目標設定のポイントは一〇年後あるいは二〇年後のなりたい自分を設定し、それを実現するために今年の目標を設定します。つまり長期目標を実現するために毎年、ステップアップしていきます。たった六坪の事務所を営む私がそのような目標を設定して多くの人に笑われました。

目標設定時（平成元年五月期）　売上　　六、七三二、七六四円
五年後（平成六年五月期）　売上一四五、七二六、五一〇円
一〇年後（平成一一年五月期）　売上三〇三、三五九、九九五円

目標を掲げ、努力している人は輝いています。〝やればできる〟と信じています。それに対して目標を持たず、毎日をダラダラ生きている人は動きが鈍く、死んだ目をしています。〝やっても無駄！〟〝どうせできない！〟と思い込み、一歩を踏み出しません。努力せずして、行動せずして何事もできるはずがありません。

あなたは今、会社や人生の目標を持っていますか？　それとも目標を持たず、だらだらと一日を終え、人生を終えていくのですか？

WBC観戦記～侍ジャパンから学ぶ～

（令和五年五月一日）

優勝することへの執念！

第五回WBC（ワールドベースボールクラシック）は三月九日から始まり、二二日の決勝戦まで栗山監督率いる侍ジャパンは七戦全勝という感動の中でその幕を閉じました。第一回は王監督、第二回は原監督の下で連続優勝を果たしました。しかし第三回、第四回はベスト4まで勝ち残りましたが優勝することはできず、今回は一四年ぶりの優勝を目指していました。

所得税の確定申告書提出期限である三月一五日の直前にも拘らず、私は一日目の中国戦と二日目の韓国戦の観戦チケットを手配して東京ドームに行きました。第一戦は大谷翔平、第二戦はダルビッシュ有が先発して勝利を納め、幸先の良いスタートを切りました。振り返って見れば大差で勝利しましたが観戦中は手に汗握る試合でした。しかし、さらにこれらを上回るドラマがアメリカに渡った侍ジャパンに待ち構えていました。準決勝の相手は一次ラウンドを一一対五でアメリカに勝ったメキシコでした。四対五で負けていた九回裏の攻撃は大谷翔平。その第一球を打ちヘルメットを取り去り全力疾走で二塁へ！そして塁上から日本ベンチに向かって大きく両腕を挙げ侍ジャパンのメンバーを鼓舞しました。次の打者は吉田正尚。四球で一塁へ。ここでこの試合３三振と不振の村上。普通ならここで代打またはバントのところが「思いっきり打て！」と言われてバッターボックスに。その村上がセンター越えのヒットを打ち、劇的サヨナラ勝ちでした。決勝のアメリカ戦も一点差で勝利して侍ジャパン念願の世界一を奪還しました。

侍ジャパンから学ぶ組織作り、人の使い方、そして信じること

会社経営をするにあたって、この侍ジャパンから学ぶことが多々あります。短期間で素晴らしいチームを作り上げることに貢献したダルビッシュは、二月の宮崎キャンプから参加し、また日本語が話せないヌートバーを温かく迎え入れ、全力でプレーをしました。

大谷や吉田の大リーガーが見せた気迫あふれるプレー、優勝することへの執念、野球す

ることを楽しむ、そしてチーム一丸となって勝利する。

しかしもっと深く掘り下げれば花巻東高校から「大リーグに行く」と公言していた大谷を日本ハムの栗山監督は「二刀流で育てる」という方針を示し日本ハムに入団させ、さらにさかのぼれば大谷の高校時代に書いたマンダラの目標設定等があります。

強いチームを作る、今の組織を強くする。そのために何をしなければならないのか？

そして明確な目標設定。その目標に向かって進む。誰が、いつ、どこへ、何を、いくらで？

そして野球を、自分の仕事を楽しくやる！

最後に栗山監督が繰り返し言っていたこと。それは選手を信じる。信じ切るということ。

信ずれば成り、憂えれば崩れる（「万人幸福の栞」第一五条、一〇三ページ）

時代に合った経営を！

（平成三十年九月一日）

労働観も練習観も変わって来ている

去る五月の日大・関学アメリカンフットボール戦における違反タックル問題について、日大ＯＢの私は、人の前に立って話し始める時にまず、「只今、世間をお騒がせしている日大アメフト部問題について日大ＯＢの一人として深くお詫び申し上げます。」と言いました。結局、内田監督と井上コーチは辞任しましたが、最高責任者である田中理事長は記者会見を一回もすることなく、今もそのポストにすがりついています。わが母校である日大は「スポーツ日大」を標榜するだけあって相撲部・ゴルフ部・水泳部・アメフト部・陸上部等において輝かしい実績と伝統を誇っています。しかし過去の栄光にすがるのではなく、今の時代の価値観に適応していかなくてはなりません。かつて会社においても長時間労働が当たり前であり、多くのモーレツ社員が会社の業績をけん引していました。社内において上司命令は絶対であり、毎晩終業後の飲み会はお互いのコミュニケーションの一つであったような時代でした。今では短時間で成果を要求され、かつてのモーレツ社員は影を潜め、上司や先輩が少し厳しく叱責すればパワハラやセクハラとネットに書かれ、ブラック企業と叩かれる。「昔はよかった。」と言って今の価値観を嘆く必要は全くありません。その価値観の変化を楽しみ、対応していけばよいのです。

人生も経営もスポーツも楽しもう！

青学の箱根駅伝四連覇を果たした原駅伝監督は、

①青学ＯＢでもない
②現役時代にたいした記録も残していない
③指導者としての経験も実績もない

そのような人物を青学の駅伝監督に据えた人がすばらしいと思います。当然、ＯＢや関係者の中には原監督就任の反対の声もあったことでしょう。また監督要請を引き受けた原監督や奥様の決断もすばらしいと思います。

青学の駅伝選手を見ているとのびのびと明るく楽しんで走っています。それに比べてわが日大の駅伝選手は悲壮感ただよう走りをしているように見えます。

かつて運動部では当たり前であったしごきや長時間練習では成績は上がらないことがわかってきました。スポーツ科学を取り入れ、短時間でも成果の上がる練習を監督・コーチを含めて楽しくやる。会社もそこに働く人たちと楽しく、いきいきと働き、短時間で成果を出せる組織にしていく。運動部の練習も会社の仕事もしんどいこと、つらいこと、苦しいことがあります。そのようなことをみんなで励まし合いながら、助け合いながら楽しく乗り越えて行く。

仕事も運動も、職場もチームも、明るく楽しく元気よく！

日本大学OBとして

（令和四年一月一日）

遅刻常習者であった高校時代

私の母校は、八尾高校であり、日本大学です。高校時代は、いわゆる受験校で我が人生の中でも最もつまらない時でした。毎日NHKの連続テレビ小説を見てから高校に歩いて向かうのですが、それが終わるのが八時三〇分です。

八時四〇分始業の高校まで一二、三分かかるので、時々行われる遅刻取り締まりではいつも生徒手帳を取り上げられる常習者でした。私が中学生の時に「これが青春だ！」というテレビ番組を見て、高校のラグビー部に熱血教師がいるような学生時代を夢見ていました。しかし現実には、多くの先生はサラリーマン教師でした。

私が思うに、教師とは教える人ではなく、学ぶことの面白さや楽しさを話すだけであり、それに気付いた生徒は一所懸命に勉強します。英語のスペルを覚える。歴史の年号を覚える。しかしそれよりも、私はこれからの人生をいかに生くべきか？ということを教えてほしいのに、そのような先生には出会いませんでした。

母校の名を高めるのはOBの活躍だ

その後、私は日本大学農獣医学部畜産学科（現・生物資源科学部動物資源科学科）に進学し、多くのすばらしい教授と出会いました。尊敬する先生から担当教科だけでなく生き方、考え方を学びました。畜産簿記担当の島津正教授からは簿記の面白さを教えていただき、今税理士としての私があります。残念ながら理事長の脱税事件等で世間をお騒がせしていますが、我が日本大学のすばらしさはOBである私たちが一番よく知っています。

そして何よりすばらしいのは、政界・官界・財界を始め、業界団体や異業種交流会等でも多くの先輩との出会いがあり、単に同じ日大卒業生というだけで親しく接していただきました。これからは後輩のためにも私たちがさらに活躍することにより日大の名を高めていく必要があります。

スポーツ日大とも言われた我が母校が残念なことに箱根駅伝に出場さえできず、アメリカンフットボール部は東西大学日本一決定戦である甲子園ボウルにもその名はありません。この非常事態において大切なことは、一人一人の日大ＯＢがさらに人間性を高め、社会に奉仕していくことです。

上皇陛下の心臓手術を執刀したのは日大ＯＢである天野順天堂大学教授でした。白血病の治療を行いながら見事な復活を遂げつつある水泳の池江璃花子も現役の日大生です。

人は多くの側面を持っています。出身地や出身大学、取得した資格や授章した勲章や褒章、親先祖や兄弟等の知名度や活躍状況などです。

母校の名を高めるのは社会において活躍する一人一人のＯＢの姿です。

第2章
楽しい仕事へ

失敗は経験である！

（平成二十四年一月一日）

竜は経験を食べて人格が高まる！

人口が七〇万人というアジアの小国、ブータン。その国王夫妻が来日され、国会での演説や東日本大震災の被災地である福島県を訪問され、テレビや新聞で連日、報道され大きな話題となりました。国民総幸福度が世界一高く、九〇％以上の国民が幸せと答えるブータン。決してモノは豊かでなくても心が豊かな人々がいる国だ、ということはまだ若いその国王夫妻のお言葉や振る舞いからうかがい知ることができました。その国王が福島の小学生に次のようなお話をされていました。

「皆さんは竜を見たことがありますか？ 竜は経験を食べて人格が高まるのです。」

ブータンの国旗にはその竜が描かれています。そして多くの経験を積んだ年長者やお年寄りが尊敬される国民性なのです。東日本大震災の被災を知り、ブータンでは三日間、喪に服してくれました。なんと心やさしく、心美しい人たちなのでしょうか！　年間三万人以上の人たちが自殺するこの日本にブータン国王夫妻は多くのことを気付かせてくれました。

チャレンジするから失敗もする！

私が小学生三年生か、四年生の頃のことです。一・五ボルトの乾電池で動くモーターを乾電池二個を直列にして三ボルトで動かすとすごく速く廻りました。それならコンセントの一〇〇ボルトで動かせばどれだけ速くそのモーターは廻るのだろうか？　それを知りたくて小さなモーターのコードを家庭用コンセントにつなぎました。そうするとどうなったか？「ボン！」と音がして白い煙が出て、その小さなモーターはその後、乾電池でも動かなくなりました。つまり、壊れてしまったのです。

笑い話のようなその小さな事件は六一歳になった今でもはっきりと覚えています。これが経験なのです。チャレンジしたから解ったのです。失敗したから成長できたのです。

先日、ジャーナリストの櫻井よしこさんの講演を聴きに行きました。「六五歳を超えた私が思うのは四〇歳のころ、五〇歳のころの私はなんとバカだったのだろうか」と話されていました。私もその話に大きくうなずきました。六〇歳を過ぎれば解ってくることって多いのです。つまり、多くの経験から多くのことを学んだ結果、人間が、社会が、政治が、世界が、将来が解ってくるのです。これがブータン国王が言われた〝竜は経験を食べて人格を高めていく〟ことなのです。歳を重ねても経験しなければ成長はしません。失敗を恐れず、チャレンジすることが大切です。

人生は経験しただけ面白い!

失敗は経験です。その経験から多くのことを学び、人間として、経営者として人格を高め、若い人たちから尊敬される年長者になりたいものです。

失敗することを恐れるな！

（令和五年三月一日）

失敗から学ぶことは多い！

昭和六十三年七月に上能総合会計事務所（ＪＳＫ）を開業して以来、間もなく三五年になります。一般企業出身の私は、一件のお客様もなく、クライアント数〇件からのスタートでした。当時はまだ個人情報保護法もなく商工名鑑や同窓会名簿から開業案内を千通出しましたが成果はなく「大変な業界に入ってしまった。」と思いました。しかし、その年の一二月に消費税法案が国会で成立し、翌年の四月から三％の税率で消費税がスタートすることになりました。既存の会計事務所は年末調整や個人の確定申告、三月決算法人などで多忙な時期ですが、お客様もいない当社は「消費税セミナーでもやろうか！」と言って第一回消費税セミナーを平成元年二月九日に日興証券大阪支店の一〇階会議室をお借りして開催させていただきました。それまでに知り合った方々の名刺をもとに二〇〇通のＤＭを出したところ、定員三〇名がすぐに一杯になりました。セミナー終了後、「上能先生は消費税に強い先生だ。」という評判が立ち、その後数多くのセミナー開催に繋がりました。そのおかげで当社の基礎ができましたが、人の問題、お金の問題で数多くの失敗を経験しました。人の問題では労働組合ができたり、社員六名が一挙に退職したりしました。お金の問題では資金が不足し家賃が支払えず、子供名義の郵便貯金まで投入しました。そのようなことはすべてトップである私の責任であり、私の行動や言動が原因です。

何もしなければ失敗もないが成功もない！

経営をしていると、毎日、多くの判断をし、決断しなければなりません。その結果、よかったこともあれば悪かったこともあります。失敗してもまたやればよいのです。失敗から学ぶことが多くあります。失敗は経験です。

成功者と言われる人は数多くの失敗を経験しています。世界一の発明王と言われるエジソンは電球を発明するのに二万回もの失敗をした、と言われています。世界一のホームラン王である王貞治は八六八本のホームランを打ちましたがそれよりも多い一三一九の三振をしています。また、世界一の真珠王である御木本幸吉が養殖真珠を発見するためには一八年もの歳月を要しました。地元の人々から「あいつはアホじゃ、バカじゃ」と言われながら遂に真珠の養殖に成功したのです。

失敗することを恐れて何もしない。何もしなければ失敗することはありませんが成功することもありません。

年老いた人が自分の人生を振り返ったときに「あれをしておけばよかった。これもしておけばよかった。」としなかったことを悔いる人がいます。

人生は行動しただけ面白い！

失敗した自分を褒めてあげて下さい。失敗したということはあなたが「行動した」「チャレンジした」ということです。成功はその数多くの失敗の先にあります。

発言し、行動しなければ何も変わらない！

（平成二十三年十一月一日）

サイレントマジョリティーとノイジーマイノリティー

私がメンバーになっているフィットネスクラブでは運動をした後にマンツーマンストレッチというサービスがあります。クールダウンの一五分のストレッチでとても人気があります。最近、そのストレッチをしているとインストラクターが私に触れるときにタオルを使うようになりました。わざわざタオルなど使わずに直接、触れていただいてもいいのに……。「なぜそのようになったの？」と尋ねると一部のメンバーからそのような要望があったので変更した、ということでした。

このようなことが国の政策や法律ばかりでなく、学校や地域において蔓延しています。つまりノイジーマイノリティー（うるさい少数派）の意見がまかり通っているのです。それに対して多くの人は沈黙を守っています。しっかりとした意見・考えを持っている人は多いのにただ黙っています。つまりサイレントマジョリティー（沈黙する多数派）なのです。個人情報保護法などはその代表的なものです。クラス名簿や会員名簿が発行されなくなり、その運営において大きな障害になっています。多くの人は〝おかしい〟と思いながらも何も言いません。もっと声を大にして発言し、行動しなければ何も変わらないし、決して良くはならないのです。

政治改革と意識改革

私が三〇歳代の頃、政治家になり、総理大臣になって日本の政治改革をしよう、と思っていました。それと同時に親・祖先や目上の人を敬い、お年寄りを大切にし、兄弟は仲良く助け合い、他人には親切にし、子供には優しさと厳しさを持って接し、働ける仕事があること・働ける会社やお店があることに心から感謝する。そのような意識改革をするために〝すばらしい日本人を育てる会〟を設立し、その理事長になる、と本気で考えていました。しかし、現実の政治の世界は足の引っ張り合いであり、アラの探り合いであることがわかってきました。それで今、政治改革は政経倶楽部で志の高い政治家を育てる活動をしています。また、意識改革は社団法人倫理研究所の法人スーパーバイザーとして日本創生の活動をさせていただいています。

この二つの活動は残念ながら当社の売上や利益に繋がりません。いや、それどころか貴重な時間と費用がかかります。一円の売上にもならないこと、一円の利益にも繋がらないことに対しても一所懸命するのです。お金だけのために動くのではありません。自分の志や信念で動くのです。もっと日本の政治を良くしたい、もっと日本人の意識を高めたい。

あなたがもっと声を大きくして発言しなければ、行動しなければ日本の政治も経済も決して良くはなりません！ サイレントマジョリティーから抜け出して下さい。あなたが動けばあなたの周りから風が起こります。

まず最初に想いありき！

（平成二十三年五月一日）

この度の東日本大震災にて被災された皆様に対し、心よりお見舞い申し上げます。

お金さえあれば幸せなのか？　今がよければそれでよいのか？

我が国の日本は戦後の高度成長以降、とても豊かになりました。食材は豊富にあり、オフィスもお店も家も空調は完備され、蛇口をひねればいつでも水もお湯も出てきます。トイレはウォシュレットで温かい便座です。近くには二四時間営業のコンビニがあり、それらが当たり前のように思っていました。しかし、この度の大震災で露呈したのはそれらは原子力発電所や石油タンクのような危険と隣り合わせの上に成り立っていることです。この震災は〝もっと謙虚に〟〝もっと質素に〟〝物の豊かさより心の豊かさを〟と天からの警告のように感じます。お金がすべての尺度となり、今が楽しければよい、自分さえよければよい、我が社さえ儲かればよい、といった風潮が蔓延していました。

「金だけ」という拝金主義、「今だけ」という刹那主義、「自分だけ」という利己主義はこの震災を契機にして断固として排除するよい機会となろうとしています。被災地の状況が世界に報道され、秩序ある行動、すばらしい礼節が驚きとともに絶賛されています。助け合い、励ましあい、手を差しのべ、自分に、自社にできることをする。これが農耕民族である本来の日本人ではないでしょうか？

強く、優しく、貢献する会社に！

東日本大震災ではジャパネットたかたの高田社長は五億円、ユニクロのファーストリテイリングの柳井社長は一〇億円、ソフトバンクの孫社長は一〇〇億円の寄贈をされました。〝儲かっているから〟〝売名行為で〟したのではありません。こういう時のために、こういう事があれば使おう、お役に立とう、という想いがまず最初にあったからです。〝世の中のお役に立ちたい〟という想いがあったからそれぞれの会社は大きく成長したのです。自分さえよければよい、我が社さえ儲かればよい、という想いで経営しているからいつまでも売上があがらない、資金繰りが苦しい赤字会社になってしまいます。

あなたは何のために会社を経営しているのですか？

あなたの会社は何をもって世の中に貢献していくのですか？

しっかりとした経営理念、世のため人のためにお役に立ちたいという想いが大切なのです。会社は公器です。そこには社員がおり、その家族がおり、得意先やお客様がおられ、取引先や取引銀行があり、株主や地域の人々がいます。地震や台風のような災害もあれば法律の規制もあります。だから強い財務体質にしておかなければならないのです。我欲だけで経営していては誰も助けてくれません。誰も手を差しのべてくれません。この度の大震災を契機にして経営の在り方、経営者の想いを今一度、考える機会にしてはいかがでしょうか。

働く喜び

（令和三年五月一日）

二二歳で味わった大きな挫折！

今月末の令和三年五月三十一日を以って、私、上能喜久治は税理士法人ジェイエスケーの代表社員を辞し、娘婿である佐野真司が代表社員に就任致します。昭和六十三年七月一日に上能総合会計事務所として六坪の広さで開業して以来、三〇年余にわたり多くのお客様、社員、取引先に恵まれ今日まで継続することができました。日本大学農獣医学部畜産学科（現・生物資源科学部動物資源科学科）を卒業し、農場経営を目指していた若者が「畜産公害反対」の署名活動に打ちのめされました。アルバイトのつもりで入社した会社が素晴らしく、仕事に恵まれ、上司に恵まれ、同僚に恵まれて一五年の間に経理部や財務部で組織や経営を学び、多くの経験をさせていただきました。

そして、一般企業に勤めながら税理士試験にチャレンジし、なかなか合格しない私を叱咤激励した妻の存在があります。二七歳で三科目合格したものの、その後私は五年間合格できず、妻は三人の子供を育てながら夜遅くまで内職をして家計を支えてくれました。妻のおかげで今日の私があります。

一件のクライアントもなく、当時の国民金融公庫から六〇〇万円の借入でスタートしました。開業した年の暮れに消費税法案が国会で成立し、翌年四月から三％の税率で消費税がスタートすることになりました。お客様もなく、仕事もなく、そこで始めた消費税セミナーが大盛況で当社の業績が飛躍的に伸びました。

一生現役、生涯喜働

日本人の男性の平均寿命は八一歳となり､元気な高齢者が私の周りにもたくさんいます。そのような人の共通点は楽しく働いているか、趣味を持ったワクワク人生を歩んでいる人が多いように感じます。古希を迎えた私が「行く会社がある」、「やる仕事がある」というだけで大きな喜びと幸せを感じます。学生の頃から働くことが大好きでした。エアコン工場やパン工場、ベニヤ板工場などでアルバイトをして楽しく働きました。また、畜産実習で北海道の牧場や埼玉の養鶏場、大阪の農業試験場などで面白く働きました。

働くことが嫌だとか苦痛だとか思ったことは一度もありません。エアコンができるまでを知り、パンができる工程を学び、ベニヤ板工場で働く人たちと仲良くなりました。

私も七〇歳になり、何があってもおかしくない年になりました。お客様や取引先に迷惑をかけないように代表のポストを辞しますが健康である限り出社はしておりますのでいつでもお気軽にお立ち寄り下さい。「一生現役、生涯喜働」を掲げ、役者が舞台で息を引き取るが如く、私も永年愛用した机と椅子のところで大往生したいものです。

働きには二つの報酬がある。それは金銭で受ける報酬と喜びという報酬である。

現在・過去・未来

（平成二十二年三月一日）

過去はもう過ぎ去った！

過去の延長線上に将来があるのではありません。過去の業績の推移や過去にやったことの振り返りや反省から入るから現在を嘆くのです。将来を憂えるのです。過去は過去です。もう過ぎ去った過去です。過ぎ去った過去を悔やんでも嘆いても、もう元には戻りません。それよりも大切なことは今をどう生きるかです。今をどう生きるかは将来、どのようになっていたいのか？　つまり将来、なりきった会社を、お店を、工場を思い描くのです。その姿を思い描くのです。将来から現在を見るのです。未来のあなたが過去を振り返ってこうつぶやくのです。「あの時に実行したあのことが今、このようになって花が開く。」「今、こうしてあるのはあの時にみんなでやったから、みんなで努力したからだ。」

多くの経営者は今までの自社の業績の推移をみて今期に実施する計画を立てます。あるいは今までの業績の延長線上に中長期のビジョンがあります。銀行の融資担当者は過去の決算書を見て融資を決定します。違うのです！　全く違うのです！　将来、このような会社にしたいから、今やることが見えてきます。今やらなければならないことがわかります。会社を取り巻く環境は今、すごい勢いで変わっています。あなたはいつまでそのように過ぎ去った過去に目が行くのですか？　あなたはいつまで過去の成功体験に酔いしれているのですか？

自分のこれからの人生を、自分の会社の将来を思い描け！

先日、当社の顧問先の社長からすばらしいお話をお聴きしました。

「私は八八歳でこの世と別れを告げます。沖縄でハーレーダビッドソン（二輪車）に乗っているときに道路の横から子猫が飛び出してきて、それを避けようとしてハンドルを切ったら飛んで沖縄の海に落ちて亡くなります。私の葬儀には二千人の参列者があり、厚生労働大臣が弔辞を読んでくれます。」

その社長は薬店を経営されていますが、三〇兆円にものぼる医療費の削減に業界をあげて取り組まれています。自分の葬儀に厚労相に来ていただくには今、何をしなければならないのか、が見えてきます。わかってきます。驚くことになんと、その社長は二輪車の運転免許証も今はまだ持っておらず、ハーレーにも乗ったことがないのです！

自分や自社のことだけではなく、このように業界のことを想い、国家のことにも目を向けるのです。〝我社さえ儲かればいい〟〝自分さえよければいい〟という会社や経営者にはいつまでも将来は思い描くことができません。いつまでも将来の女神はほほ笑みかけてくれません。あなたの人生の、家族の、会社の、業界の、地域の、国家の、地球の将来を想い描いて下さい。

すばらしい将来、輝かしい未来にするために、さあ、動こうではありませんか？

経営することを楽しんでいるか？

（平成二十三年七月一日）

事業承継したが果たして……

創業者である父から社長を引き継いで二〇年という、ある経営者のお話です。その経営者を見ているといつも苦しんでいるのです。ヒトの問題、カネの問題等で「大変だ」「困った」「難しい」というのが口癖でした。ある日、そのような姿を見てその方に次のように尋ねました。「社長は経営することを楽しんでいますか？」と……。するとその社長は大きく首を横に振り「経営することが楽しいなどと思ったことは一度もない」と言われました。それではなぜ社長を親から引き継いだのでしょうか？　親が社長で自分がその長男だから……。親から会社の引き継ぎを懇願されたから……。その経営者にとって〝経営者〟という職業を選択したことは果たして良かったのでしょうか？

生きることも経営することも勉強することも辛いこと、しんどいこと、苦しいことがあります。しかし、その中に楽しさ、面白さもあります。どんなに辛くても、どんなに苦しくてもその中に楽しさ、面白さを見いだすのです。昔、聖少女ポリアンナ物語というアニメがありました。主人公のポリアンナは辛い、苦しい毎日の中で今日一日の〝よかった探し〟をするのです。その日一日のなかでささやかな喜びを探すのです。そうすると毎日毎日、小さな喜びがいっぱいあるのです。

心の持ち方ひとつで……

江戸幕府を開いた徳川家康でさえ〝人の一生は重荷を負うて遠き道を行くがごとし〟と言っています。征夷大将軍として何でもできた、何でも手に入ったあの家康でもです。

英語の単語や漢字を覚えるとき、歴史の年号を覚えるときでも興味を持てばスラスラと覚えることができます。反対にイヤイヤ覚えようと思っても覚えられないものです。「サルスベリという木は六月から九月にかけて赤い花を百日にわたって咲き続けるので漢字では百日紅と書きます」と教えていただいた国語の先生の言葉を今も覚えています。サルスベリの花を見るたびにその漢字とその先生を思い出します。

東日本大震災の影響が直接・間接に全業界に及んでいます。厳しい経営環境が続く昨今ですがいつの時代も経営することは楽ではありません。大なり小なり毎日のようにいろんな問題が生じます。その問題を解決していくことはなんと面白いことでしょうか！　エキサイティング&ドラマティックエブリディではありませんか！　会社で、お店で、事務所で、工場で毎日のように起こる問題、トラブル、クレーム。それがいやだなあ、と思ったら経営することは辛く、苦しいものになってしまいます。

「今日もきっとよいことがある！」とワクワクした気持ちで朝を迎えればすばらしい一日となります。何事も考え方・心の持ち方ひとつであなたの人生も、あなたの会社も大きく変わっていきます。

挨拶・清掃・話しかけ！

（平成二十六年七月一日）

知らない人に……

先日、新幹線で静岡県の掛川駅近くの会社に行く途中でのことです。小学校の下校時で多くの小学生が向こうから歩いてきました。その小学生の何人かが「こんにちは！」と知らないおっさんである私に対して挨拶したのです。私は驚きながらも「こんにちは！」と挨拶を返しました。すると次々と向こうからやってくる小学生が挨拶するのです。それだけではなく、向かいの歩道を歩いている小学生までもがこちらの方を見て「こんにちは！」と声をかけてきました。〝この地域はすごいなあ！　知らない人にも挨拶をする！〟と少しの驚きと大きな感動を覚えました。私が住む大阪では残念ながらこのような光景を見ることがありません。「知らない人から声をかけられたら逃げなさい。」とでも学校や親から教えられているのでしょうか? だから私も知らない子供には挨拶をしません。いろんな事件が起こり、知らない人を警戒することがそのような事件を防ぐことに繋がっているのかも知れません。

ハイキングや登山ですれ違う人に「こんにちは」と言って挨拶を交わします。そして「頂上まであと何分ぐらいですか?」と尋ねたりします。ただそれだけで心がさわやかになります。自然の中で知らない人との挨拶や話しかけは心地よいものです。

私が住むマンションでも「おはようございます!」「こんにちは!」「こんばんは!」と声をかけます。すると多くの人から挨拶が返ってきます。フロントや警備員さんも積極的に話しかけてくれます。このことが防犯にも大きく役立っています。

誰でも感謝されると嬉しい!

当社では毎月一日を地域清掃デーとして全員で朝、掃除をしています。多くの通行人がいますが残念ながらその時に声をかけられたことはほとんどありません。「朝から御苦労さまです!」とか「きれいにしていただいてありがとうございます!」とかの声をかけられたら私だけでなく社員がどれだけ喜ぶことでしょうか? 逆の立場で我が社の前や横を毎朝、掃除して頂いている向かいのマンションの管理人のおじさんがいます。そのおじさんに私はいつも次のように言っています。「いつも掃除をしていただいてありがとうございます！」するとそのおじさんはうれしそうに話しかけてくれます。
あなたが駅やホテルのトイレで掃除のおばさんを見かけた時、是非、一声をかけて上げてほしいのです。「いつもきれいにしていただいてありがとうございます！」と……。その掃除のおばさんはどんなに喜ぶことでしょうか？　あなたが一声、感謝の言葉をかければ次にそのトイレを利用する時、きっとあなたは気付くはずです。「このトイレ、随分きれいになったなあ！」と……。

あなたの感謝の一言があなたの地域を美しくします。

仕事を楽しむには

（平成二十九年五月一日）

目先の業績に一喜一憂するな！

あなたは今、会社やお店を経営していて楽しいですか？ 面白いですか？ 毎日、多くの経営者と接していると、苦しんでいる、あるいは悩んでいる人によく出会います。売上が上がらない・利益が出ない・資金繰りが苦しい・期待していた部下が退職した等。しかしそのような苦しみや悩みがある半面、楽しみや喜びもまた多くあります。大きな契約が出来た時や部下の成長を実感した時など、感動して目を潤ませることもあるのではないでしょうか？

いつお会いしても生き生きされ、前向きに夢・ビジョン・目標を輝いて話される経営者もいます。それでは、そのような経営者に売上や利益が上がらない、資金繰りが苦しい、といった問題はないのか？　というと、実に多くの問題があるのです。しかし、そのような目先の問題以上に、会社の将来の夢の実現への期待の方が強いのです。だから目先の問題は解決して行くのです。

「業績がいいから経営が面白い」ということではその反対に「業績が悪ければ面白くない」ということになります。経営は目先の業績に一喜一憂するようなものではありません。

すべては自分の心が決める！

私は約一五年間、サラリーマンをしていました。社員数三〇〇名の一般企業でした。その会社で経理部・財務部・総務部・人事部という部署を経験し、経理部課長のときに退職し、昭和六十三年に「上能総合会計事務所」を立ち上げました。同窓会名簿や商工名鑑などから開業案内を一〇〇〇通送りましたが、成果はゼロでした。それなら飛び込み営業でもやろうと思い、住宅地図を持って商店街や工場街を回りました。それなりの成果は上がりましたが、効率は悪く、その頃の売上もわずかでした。しかし目先の苦しさ以上に大きな夢がありました。たった六坪の事務所の中に「量・質ともに日本一の事務所になろう！」と大きく掲げました。夢・希望・目標があれば目先の問題を一つ一つ解決していくことが楽しいのです。目先の問題を乗り越えて行くことが一歩一歩、着実に夢の実現に近づいていくのです。

会社経営はしんどい、辛いという経営者がいます。仕事が面白くない、楽しくないという社員がいます。私はサラリーマンの一五年間、会社を辞めたいと思ったことは一度もありません。人間関係で悩んだことも全くありません。会社の業績も良く、それなりの給料もいただいていました。しかし、それよりも何よりも仕事が面白く、楽しかったのです。仕事が、働くことが楽しいということは人生が楽しいということです。それではその会社に勤めていた人はみんな楽しく仕事をしていたのか、というとそうではありません。仕事を楽しくするのは会社がするのではありません。楽しく仕事をしようとする、〝あなたの心〟が決めるものです。

行動しただけ面白い！

（平成二十九年九月一日）

完璧を求めるな！目先に惑わされるな！

次の問いにあなたならどちらを選びますか？

第１問　A．魚をもらう　　B．魚の釣り方を教えてもらう
第２問　A．水をもらう　　B．井戸を掘ってもらう
第３問　A．お金をもらう　B．お金の稼ぎ方を教えてもらう

このような問いにあなたが経営者なら答はいずれもBでしょう。なぜなら、Aならもらった魚は食べたら終わり。もらった水は飲んだら終わり。もらったお金は使ったら終わりであることを知っているからです。ところが多くの人はAを選ぶのです。その訳を尋ねると「魚の釣り方を教えてもらっても必ず魚が釣れる訳ではない」「井戸を掘るのに時間がかか

る」「お金の稼ぎ方を教えてもらっても必ずお金が稼げる訳ではない」という声が返ってきます。すなわち、世の中の多くの人は一〇〇％の完璧性を求めるとともに目先の利益を求めています。あなたの会社が製造業なら製品を開発し、設備投資をしてその製品を作り、販売しなければなりません。売れるかどうかわからなくても、その製品を売らなければなりません。もし売れなければなぜ売れないのか、を早急に検討し、対策を立てなければなりません。値段が高いのか、品質が悪いのか、機能が良くないのか？ これが面白いのです。これが経営の醍醐味なのです。しかし、経営者の中にもこの完璧性と目先の利益を求める風潮が増しているように思えます。

今から二九年前、私はサラリーマンを辞めて六坪の事務所で会計事務所を始めました。お客様（クライアント）はゼロ、国民金融公庫（今の日本政策金融公庫）からの借金六〇〇万円からのスタートでした。開業案内を大変な労力と費用をかけて一〇〇〇通送りましたが成果は全くなし。飛び込み営業でもやろう、と思って住宅地図を持ってお店・工場・事務所を廻りました。ちょうどその頃、消費税法案が国会を通過し、消費税セミナーを始めたところ、大盛況で、当社の礎が出来ました。つまり、経営とは不確実の連続であり、数多くの失敗を経験します。

失敗は経験である

　魚の釣り方を教えてもらっても必ず魚が釣れる訳ではありません。もし魚が釣れなければその原因を探り、改善すればよいのです。餌はこれでよいのか？　釣る場所はここでよいのか？　釣る時間・時期はこれでよいのか？　釣り竿や浮き・重りは？　今までの経験を生かし、わからなければ人に聴き、本やネットで調べればよいのです。経営に完璧はなく、失敗はつきものです。ただし、致命的な失敗は会社を潰し、社員を不幸にし、取引先に多大な迷惑をかけます。失敗を恐れず、果敢にチャレンジして下さい。失敗をしたくなかったら何もしないことです。そんな人生が楽しいでしょうか？　会社も人生も行動しただけ面白いものです。

先が読めない？

（平成三十年三月一日）

ワクワクするライフプラン・事業計画を！

　当社の業務の中に事業計画書作成や経営改善計画書策定があります。当然、この計画書を作成するにあたり、社長や理事長に対して五年後、一〇年後にどのような会社になっていたいのか？をヒアリングしていきます。年商は？利益は？社員数は？営業所の数は？設備投資は？役員報酬は？あるいは財務改善目標として自己資本比率は？総資本経常利益率は？借入金対月商倍率は？等を訊いて行きます。そのことに対して「先のことなのでわからない。」「先が読めない。」という人がいます。確かに先のことはわかりません。明日、何が起こるか、わかりません。しかし何が起こっても会社は存在し続けなければなりません。そのために先を知りたい、先を読みたい、と思っていると、だんだんと先見力が付いてきます。今年生れた子供は二〇年後には成人式を迎えます。今、あなたの年齢が六〇歳だとしたら二〇年後には八〇歳になっています。どのようなおじいちゃん、おばあちゃんになっていたいですか？孫は何人になっていますか？どこに住んでいますか？田舎に帰っているかも知れません。それとも冬は寒い日本を離れてオーストラリアのゴールドコーストか、ニュージーランドのクイーンズタウンがいいでしょうか？暑い夏には涼しいカナダで過ごしますか？これがライフプランであり、その会社版が経営計画書です。一〇年先の長期計画ではあなたや社員がワクワクするような内容にします。できる・できないではなく、こんな会社になったらすばらしい、と思えるようなことを文章や数字、写真やイラストで表現します。ところが「できるかどうか、わからないのにそのような計画書など作れない。」と言います。しかし、その計画が実現するようにどうすればよいのか、を考え、予想される障害を乗り越える方法を考え、みんなで力を合わせて行動に移すのです。そうすると不思議と計画書に書いた期日よりも早く実現していきます。

将来は夢と希望で溢れている！

「先が見えない」から計画書を作らないのではありません。会社が存続していくために計画書を作るのです。「先が読めない」からライフプランが作れないのではありません。ライフプランのない人の共通点は〝将来に対する漠然とした不安〟をもっていることです。このような収入で結婚できるのか？ 今、働いている会社や仕事でよいのだろうか？ 自分が年老いて年金はもらえるのだろうか？ 等。どのような人生を送りたいのか？ どのような家に住みたいのか？ 場所は？ 敷地は？ 間取りは？ 庭は？ そのようなことを考えていると不安はなくワクワクしてきます。大きな夢を！ 希望を！ 持って下さい。人生や会社経営において成功した人はみんな言っています。

自分が思ったこと・考えたことはみんな実現していった!!

思い描く力

（令和三年七月一日）

充実した日々を過ごす！

去る五月末で代表の座を辞し、余った時間で英会話・書道・サクソフォンを個人教授で習おう、と計画していたのに、やること、することが多く、時間の余裕がまだありません。また、税制について日頃思っていること、感じていることを四つの論文にして投稿しようと書きかけたものの、途中で中断しています。コロナ禍で懇親会や食事会もなく、時間が余るはずなのに、充実した日々を過ごしています。このＪＳＫ通信の巻頭言も引き続き私が担当することになり、有難く引き受けさせていただきました。

コロナのワクチン接種も、遅ればせながら順調に接種率が高まり、一年延期された東京オリンピックもいよいよ今月二十三日に開会式が行われ、競技がスタートします。このような状況下でオリンピック・パラリンピックを開催することに賛否両論がありますが、日頃の練習の成果を発揮し、世界記録や好プレーをだしたアスリートに対して惜しみない拍手を送りたいと思っています。

イメージ出来ればその通りになる!

オリンピックで金メダルを取るには、自分が表彰台の一番高いところに立ち、首に金メダルをかけて国歌が流れる中を国旗が上がっていく姿を強く鮮明に思い描けばそのようになります。

このような話を二つします。一つ目は小鳥の入っていない鳥かごを玄関につるせば数ヵ月後にはその鳥かごに小鳥が入っているというお話です。その家を訪れた人はその小鳥の入っていない鳥かごを見て「あれ? 小鳥はどうしたんだ? 逃げたの? 死んだの?」と訊きます。そのたびに「いや、小鳥のいない鳥かごをつるしているだけなんだ。」と答えます。しかし家に来る人来る人が異口同音にそのことを尋ねるのでついには小鳥を飼うようになるというお話です。

二つ目はあなたが自社ビルを建てたい、と思っていたら必ず自社ビルは建つ、という方法があります。それは会社の応接室に「自社ビル竣工図」と書いたパース図を掲げます。すると来客はそのパース図を見て「あっ、自社ビルを建てられるのですか？　いつ竣工ですか？　建設会社はお決まりですか？　よろしければご紹介しますよ。」「融資銀行はもう決まっていますか？　当行ならどこにも負けない条件でご融資させていただきます。」ただ応接室に自社ビルのパース図を掲げただけで、不動産仲介業者が決まり、建設会社が決まり、融資銀行が決まっていく。そして思い描いたとおりの自社ビルが出来上がるのです。

このように想像すること、思い描くことには計り知れない力があります。あなたもどのような会社にしたいのか？　どのような人生を歩みたいのか？　をこの「思い描く力」を利用すればその通りになる、という体験をして下さい。

結婚と就職と経営の共通点

（平成二十八年十一月一日）

求めるだけでは好転しない

日本の少子化傾向が叫ばれてかなりの時間が経ちました。国も少子化対策担当大臣を中心にいろいろな施策を打ち出していますが、なかなか効果が上がりません。私が知る三〇歳から五〇歳の男女でも多くの独身者がいます。そのような独身女性の声を聞くと、「結婚したいが、いい男性がいない」と言います。ではどのような男性がいいのか？ と尋ねると、「優しい人」「経済力のある人」「包容力のある人」という答えが返ってきます。この話を聞くたびに求職中の人の声と経営者の声がダブって聞こえてきます。

就職活動中の学生や転職で求職中の人にどんな会社に就職したいのか？ と尋ねると「安定した会社（役所）」「給料のいい会社」「福利厚生がしっかりした会社」がベスト3でしょ

うか。経営者なら「もっと売上を上げたい」「もっといい人材が欲しい」「もっと資金繰りを楽にしたい」と言われます。素敵な男性と結婚したい独身女性、いい会社に就職したい学生、もっと業績を上げたい経営者。全く立場も異なり、年齢も違うこの三者に共通しているものは何でしょうか？

相手のために自分は何ができるのか？

その共通点は、いずれも自分の立場から見ていることです。いずれも相手がいます。独身女性なら結婚相手。求職中の人なら就職する会社。経営者ならお客様や社員の人たち。その相手のためにあなたは何をしてあげるのですか？　その相手が喜ぶことをするのです。その相手の役に立つことを行うのです。あなたが相手に求めるのではありません。あなたがその相手に何をしてあげるのですか？

多くの人は自分の立場や、自分の視点から人や物事を見ています。その立場、その視点を自分の側からではなく相手の側から見るのです。独身女性なら年収の多い男性を求めるのではなく、今は年収が低くてもその男性を支え続けて行けばやがて大きな花が咲いてきます。もし私が就職活動中の学生なら安定した会社、つまり大会社や役所を選びません。

安定した人生なんて楽しいでしょうか？　そもそも安定した会社などありません。大会社も役所も明日はわかりません。変化のある会社にこそやりがいも見いだせるものです。変化のある人生がおもしろいのです。あなたが経営者なら売上や利益を求めるのではなく、もっとお客様や社員が喜ぶこと・お役に立つことをしていくのです。お客様や得意先、社員や取引先に喜ばれ、支持されている会社の業績が伸びないはずがありません。

二宮尊徳先生が、弟子に示した〝たらいの水〟の例話のように水を自分のほうにかきよせるとその水は逃げて行き、相手のほうにと押しやれば自分のほうに返ってきます。（丸山敏雄「万人幸福の栞」八三ページ）

結婚も就職も経営もまた同じことが言えます。

助け合いの精神

（平成二十九年一月一日）

赤字だから廃線⁉

昨年の十二月四日に北海道の留萌線の留萌と増毛間の路線が廃止されました。赤字路線とレッテルを貼られ、経済的合理性で次々と地方の鉄道路線が廃止されようとしています。かたや東海道新幹線に代表されるように、大都市間を結ぶ新幹線や都市近郊路線では大幅な黒字を計上し、ＪＲ東海の売上高営業利益率はなんと三〇％を超えています。地方に鉄道が敷設された時、地元の人々は大いに喜び、工事に携わった人たちの労をねぎらい、感謝の意を表したことでしょう。大変な難工事もあり、犠牲者も出たことでしょう。せっかく敷かれた鉄道を赤字路線ということだけで廃線にすることは、先人に対して申し訳ない気持ちでいっぱいになります。鉄道会社は適正利益を確保しながら黒字会社・黒字路線から地方の赤字路線存続のために何とか補填できないものでしょうか？ 例えば福島第一原発は東京電力の所有であるにも拘わらず、その廃炉処理費用や損害補償費用等の莫大な金額は他の電力会社だけでなく、新電力の会社にも負担を求めています。この考え方は一見、おかしいようにも思いますが、その背景には日本古来の「助け合いの精神」があります。つまり、困っている時はお互いさまで、困っている人や地域を助け合ってきました。黒字路線で得た利益を赤字路線の補填に使えば廃線にすることなく、存続できるのではないでしょうか？

都会選出の国会議員ばかりになる!?

同じようなことが国政選挙でも言うことができます。「一票の格差是正」ということで先の参議院選挙では初めて鳥取県と島根県、高知県と徳島県が合区されました。これは一票の重みという観点からは平等かも知れません。しかしこれでは人口の多い都会選出の国会議員が増え、地方選出の国会議員の数が少なくなっていきます。アメリカの下院は州ごとの人口により四三五名の定員が決められています。しかし上院では各州二名の定員で選出され、五〇州で一〇〇名が上院議員として活躍しています。この方法を見習えば衆議院では人口割、参議院では四七都道府県の各県割、としたほうが地方の意見も反映されるのではないでしょうか？　国政選挙のたびに弁護士を中心としたグループから選挙無効の訴訟があり、最高裁も〝違憲〟あるいは〝違憲状態〟という判決を下しています。法の下の平等を定めた現行憲法でそのような判決になるのであれば、憲法を改正してもよいのではないでしょうか？　個人主義や平等主義がまかり通り、数多くの権利が謳われている現行憲法を改正し、〝権利には義務が伴うこと〟や〝平等と公平とは異なること〟、〝親を大切にし兄弟は仲良くし「助け合いの精神」で世界の繁栄と平和に貢献すること〟等を憲法にはっきりと書き記してほしいものです。

その時、どうする?

（平成二十八年一月一日）

会社や病院・学校等を経営していて大きな岐路に立ち、どちらにすべきか、判断をして決断しなければならない時があります。そのような時にどのような考え方やどのような基準に基づいて判断すればよいのか、私の経験などからお伝えさせていただきます。

1．銀行に借入申込をした際に、親の自宅を担保に提供してほしい、と言われた時

私の自宅もありましたが、まだまだ住宅ローンの借入残高が多く、担保余力もなかったので全く担保設定をされていない親の自宅を担保提供してほしい、という銀行からの提案でした。当社の資金繰りを考えれば、どうしても借入をしなければならない状況でした。

しかし、私が税理士として何度か次のようなケースを見てきました。親の自宅を担保提供

したものの、その後、業績が悪化し、結果として親の自宅が競売にかけられ、手放さざるを得なかった事例です。

「事業というのはよい時ばかりではない。当社の業績が悪化して担保提供した私の親の自宅が取られてしまえば私は死んでも死にきれない。」と銀行の支店長にお話しして親の自宅を担保に、という提案をお断りさせていただきました。当然、借入はできない、と思っていたところ、その数日後、支店長から電話をいただきました。「今回は担保なしでご融資させていただくことに致しました。親を想い、親のことを案じる心が今回の決定に繋がりました。」と言われました。銀行の本部の融資担当者も支店長もみんな人の子です。借入先の経営者の人として親に対する想いがわかる銀行と取引すればよいのです。

2. 支払った生命保険料が経費にならずとも……

私の母が七〇歳のとき、母が社長をしている会社で生命保険に入ろう、として生命保険の営業の人からお話を聞きました。「九〇歳定期保険をお薦めします。九〇歳まで保障があり、その保険料は最終的に全額経費になります。」と言われました。しかし、よく聴いてみると九〇歳以上長生きすれば保険金は一円もない、とのこと。「九五歳でも一〇〇歳でも長生きしても必ず保険金をもらえる商品はないのか?」と聴くと「終身保険がありますが保険料は全く経費にはなりませんよ。」ということでした。

九〇歳以上長生きすれば損、というような保険にはたとえ経費になろうとも入らず、終身保険で契約しました。結局、母は九三歳まで長生きしました。

この二つの事例から経営判断する場合、その基準は「損か得か」ではなく、その判断が「人の道に沿っているのか外れているのか」です。ビジネスの世界でも血の通った経営をすることがあなたの会社の繁栄に不可欠となります。

第3章
仕事に命を賭けろ

今の仕事に命を賭けろ！

（平成二十一年十一月一日）

命を賭けるほど給料をもらっていない!?

飛行機のパイロットなどはよく、「乗客の命を預かっている」といい、多額の給料をもらっている、と聞きます。その視点から見ればバスやタクシーの運転手でも同じように乗客の命を預かっています。医者は患者の命を預かっているし、注射や点滴を行う看護師も、薬を調剤する薬剤師も同じように患者の命を預かっています。それでは、工場で働く工員や、お店で働く店員はお客様の命を預かっていないのでしょうか？　いや、立派にお客様の命を預かっています。私も税理士としてお客様である会社や経営者の命を預かっている、と思っています。また、そのお客様やそこに働く社員の人たちを守るために命を懸けています。そのことが私の家族や当社の社員を守ることに繋がる、と強く信じているからです。

「仕事などに命は賭けられない」という人がいます。「自分の命を賭けるほど多くの給料をもらっていない」という人がいます。それではいくらの給料をもらえば命を賭けるのでしょうか？　それでは何に命を賭けるのでしょうか？　命を賭ける人はいないのでしょうか？　命を賭ける時はないのでしょうか？

自分の仕事に強い使命感と高い誇りを持て！

今の仕事に命を賭けていないパイロットが操縦する飛行機に乗りたくないのとともに、患者の命を救うことに命を賭けていない医者に診てもらいたくもありません。それと同じように自分の仕事に命を賭けていない人が造った家には住みたくもないし、自分の仕事に命を賭けていない人が作った車には乗りたくもありません。〝命を賭ける〟とはあなたの強い使命感です。あなたの仕事に対する高い誇りです。仕事に貴賤の別はありません。どんな仕事であろうと自分の仕事に強い使命感と高い誇りを持てば結果はおのずからついてきます。つまり、お客様が増え、商品が売れ、売上が上がります。経営者であるあなたは今の仕事に命を賭けているかも知れません。しかし、昨今の厳しい経済環境の下ではあなただけではなく、あなたに続く役員、幹部社員、中堅社員、そして新入社員までもが今の仕事に命を賭けたならば多くのお客様、得意先、患者さんから支持され、結果として業績に大きく貢献します。〝いい加減・中途半端・そこそこ〟それで業績が良くなるはずがありません。

今の仕事に命を賭ける!

それがこの難局を乗り切るキーワードです。それでも、あなたは、あなたの仕事に対する姿勢・想い・考え方を変えないのでしょうか? 会社がつぶれるまで、あなたが死ぬまで気付かないのでしょうか?

好きなようにしたらいい!?

（平成二十二年一月一日）

〝自由〟を履き違えるな！

当社の採用面接の時、学生に必ずする質問があります。「あなたが就職活動をするにあたって、あなたの親から何かアドバイスはありましたか?」と訊ねます。すると多くの学生は「親からはお前の好きなようにしたらいい、と言われています。」と答えます。子供は、学生は、社会を知りません。子供が就職活動をするというのに多くの親は何のアドバイスもしません。社会経験が豊富な親が自分の子供が就職するにあたり、適切なアドバイスをなぜ、しないのでしょうか? 〝好きなようにしたらいい〟と言って、物分りのいい親を演じているのでしょうか? これは次のようなものに繋がっています。

「会社の仕事がしんどいので辞めたいけど……」「お前の好きなようにしたらいい」

「できちゃったので結婚したいけど……」「お前の好きなようにしたらいい」

「価値観が合わないので離婚したいけど……」「お前の好きなようにしたらいい」

〝自由〟という言葉を履き違え、親の責任を放棄しているのでしょうか？　あまりにも「仕方がない」「好きなようにしたらいい」という言葉が多すぎます。

親の一言で退職も離婚も防げる！

家族とは、結婚とは、仕事とは、人生とは、という話題で子供たちにしてあげてほしいのです。すると、次のような言葉が返ってくるかも知れません。

「時代が違う！」

「うるさい！　やかましい！」

「子供の自由でしょ！」

そのような言葉に怯むことなく、堂々と親としての信念を伝えて下さい。

私が初めて社会に出て勤めた会社の上司から入社早々に次のように言われました。

「上能君、髪の毛が長いから散髪に行って来い！」

家に帰って、母に「今、ロングヘアが流行っているのに上司は何もわかっていない」と言いました。すると母は「そのように言ってくださる会社がいいんだ。そう言っていただける上司のお方がすごい。」と言ってくれました。そしてすぐに私は散髪に行ったことを覚えています。もし、母が「うるさい会社やね。いやな上司やね。」と言っていたら早々に私はその会社を辞めていたことでしょう。このように子供に対する親の一言がその子に大きな影響を及ぼすのです。

「離婚したい」とあなたの子供が言ってきたとき、「もう二人で決めた事だから……」と言われても二人の言い分を聴き、諭して下さい。親であるあなたが諭さなければ誰が諭すのでしょうか？　人生経験が浅い友人では同情はできても諭すことはできません。また、その友人が独身者であったり、離婚経験者では適切なアドバイスはできません。

あなたが親だからあなたの一言が子の人生に大きな影響を与えるのです！

日本では「労働は美徳」なのだ！

（平成二十三年一月一日）

働く喜びに生きよう！

かつて日本が高度成長を続けていた頃に〝日本人は働きすぎだ〟という批判が世界から巻き起こりました。そして週四〇時間労働となり会社も学校も週休二日制となりました。最近では早く出勤することも禁止され、始業三〇分前までに出社してはいけない会社が多くなり、銀行や企業の社員通用門の前で出社してきた社員が自分の会社に入れず、列をなしている姿をよく見受けるようになりました。こんなおかしな風景を誰も不思議に思わないのでしょうか？

日本では労働は美徳である、と言われてきました。よく働く人が立派な人でした。世界から働きすぎの批判があれば堂々と日本人のすばらしい労働観をなぜ世界に向かってアピールできないのでしょうか？　人生観や結婚観のような価値観は人種により、あるいは民族によりそれぞれ異なります。自分の働きを通じて世の中に貢献できるのです。働く喜びこそ、生きている喜びなのです。「働かされている」という被害者意識から労働時間の制限がでてきます。働く喜びを感じている人にとって、それを制限されることは大きな迷惑であり余計なお節介なのです。

職業に卑の別はない！

学校ではただ単に知識を教える教師よりも学ぶことの楽しさ・おもしろさを生徒や学生に伝えることができる教師の下にはできる生徒が育ちます。

会社は単に管理するだけの上司よりも、そこに働く人たちに、働くことの尊さ・すばらしさを伝えることのできる先輩や上司が部下から尊敬されます。不足不平を並べ立てる上司をどうして部下が尊敬するでしょうか？　働きの意識レベルを五つに分けると次のようになります。

①嫌働：いやいや働く

②被働：働かされている、という被害者意識で働く

③労働：時間から時間まで働く
④喜働：喜んで働く、働くことが喜び
⑤遊働：働くこと自体が遊び

「一所懸命に働くことが恥ずかしい」というような若い人たちの労働観を覆すほどのしっかりとした信念を上司や社長が持てば職場が変わり、会社が変わり、日本が変わるのです。働くことにやりがいを感じることなく、喜びも感じないからうつ病が蔓延するのです。大企業で働くことや公務員になることがよいのではありません！ どんな会社であってもどんな職業であっても自分の仕事に誇りを持ち、働くことに喜びややりがいを見いだし、世の中に貢献していくことこそ日本人のすばらしい労働観であり、このことを全世界にアピールしていきたいものです。

デフレ経済を味方に！

（平成二十二年十一月一日）

物価も株価も地価も……

去る七月一日に平成二十二年の路線価が発表されました。この路線価とは今年中に土地を贈与したり、相続した場合にその土地の評価をするときに使うものです。今年の路線価は前年の平成二十一年に比べて大阪府平均で九・四％下落しました。このように今、地価や家賃の下落が続いています。株価や物価も上がりません。製造業や建設業では見積もりの依頼はあるがなかなか受注につながらない、と聞きます。このようなデフレ経済でも悪いことばかりではありません。多くの企業にとって最大の経費である人件費も下がっています。また、借入金の金利も日銀のゼロ金利政策で過去最低の水準で推移しています。さらに円高により輸入価格も下がります。

ところが人件費を下げようと経営者が思っても就業規則や賃金規定を改定しないと多くの企業の賃金規定は定時昇給の定めはあっても減給の規定はありません。売上単価が下がり、粗利益率が下がれば当然に経費を下げなければ企業経営は維持できなくなります。つまり、インフレ時代につくった諸規定は随時、企業環境の変化に対応して変更していかなければなりません。また、社員を始め取引先や取引銀行の協力も不可欠です。ところが厳しい企業環境は経営者であるあなたほど社員は感じていないかも知れません。春になれば雪が解けるのが当たり前のように春になれば昇給するのが当たり前、と思っています。経営の厳しさを具体的に、かつ解りやすく伝えて協力をお願いしなければなりません。その協力がなければあなたの会社は赤字どころか倒産の危機さえ現実味を帯びてきます。

デフレを活かそう！

昨今のデフレ経済のもとでは売上単価も下落しますが仕入単価も下落するのが通常です。ところが仕入も人件費も家賃も借入金利も相手から〝下げます〟とは言ってきません。つまり、仕入先や社員、取引銀行等に協力をお願いしなければなりません。

また、地価が下落しているため収益物件の不動産の単純利回り（予想年収家賃÷取得価格

×一〇〇）が一〇％以上というのも珍しくありません。つまり不動産取得の大きなチャンスの時期です。ただし不動産ならどこでもよい、というのではありません。私は常々〝不動産は動産〟と言ってきました。不動産を取得するなら駅から五分以内、または幹線道路沿いに限ります。それならいつでも売却できるからです。いつでも換金できるからです。株価も大きく下落している今、取得する銘柄さえ間違わなければさらに下落する確率は低く、上がる確率は高いのです。経済は常に動いています。その経済の動きを上手に活かせばあなたの会社経営とあなたの財産形成に大きく寄与します。しかし、何もしない、ただ嘆いているだけではいつまでも幸せの女神様はあなたに微笑みません。

働く目的・生きる目的

（平成二十七年七月一日）

働く喜びを知らない……

建設業の職人が足りません。運送業のドライバーを採用募集しても来ません。美容業の美容師も来ません。警備業のガードマンがいません。飲食業のスタッフがなかなか集まりません。このような声を最近、よく耳にします。果たして本当に人材はいないのでしょうか？

最近、新聞やテレビで報じられる犯罪の犯人の多くが無職であることに大きな憤りを覚えています。犯罪を犯すような人間だから職が無いのでしょうか？　いや、それよりも働かず、時間を弄んでいるから盗んだり、人を騙したり、傷をつけたり、殺したりするのでしょう。では、いったい、この無職の人たちはどのようにして生活をしているのでしょうか？

ある人はいい年をしながら親の扶養家族になっています。ある人は雇用保険の失業手当で暮らしています。又、生活保護を受けている人もいることでしょう。いずれにしても働いていません。働くことの喜びを知りません。

親が子に、上司が部下に教えること

働くことが嫌な人がいます。〝働かされている〟と被害者意識の人がいます。言われたことだけしか、やらない人がいます。このような人も働くことが面白いとか、楽しいとか、感じたことも思ったこともないのかも知れません。だから働かないのでしょう。働かなくても生活ができるのであれば働きたくないのでしょう。しかし、働かずに毎日、いったい何をしているのでしょうか？　家で一日、テレビを見ている？　朝の開店時間からパチンコをしている？　ネットにつまらぬことを書きこんでいる？　パソコンやタブレットでゲームをしている？

このようなことをしていて人生が楽しいはずがありません。働いていないから当然に収入もありません。結婚もせず、子供が育っていく喜びも知りません。

このような子を持つ親にある程度の共通点があります。それは親自身が働くことの喜びや楽しさを子供に教えていない、ということです。いや、むしろ親自身が「給料が安い」とか「会社が面白くない」「仕事がきつい」という言葉を家で話しているのでしょう。

親が子供に「勉強しろ」という前に「何のために勉強するのか?」をわかりやすく話すことの方が大切なのです。同じように親や上司が「何のために働くのか?」「何のために生きているのか?」を問い、その答えを導いてあげることが重要です。働く目的や生きる目的を掴んだ時に人は輝き、働くことに喜びを感じ、その人生がすばらしいものになっていきます。

働いている人はみんな立派で、みんな偉い!

使命感に燃えて

（令和元年五月一日）

一件の契約にも繋がらなかったが……

私が六坪の会計事務所を開業したのが昭和六十三年の七月でした。それから一〇年が経とうとする頃にプロ野球脱税事件が起こり、連日テレビや新聞で大きく報道されました。その報道を見て、税理士である私はいても立ってもいられなくなり、当時の在阪三球団（阪神・近鉄・オリックス）に訪問しようとしました。球団事務所の所在地を調べ、まず難波にあった近鉄の球団事務所に行きました。アポ無し、伝手無しの訪問です。私が行くと選手たちの契約更改の時期で多くのマスコミ関係者でごった返していました。その中をかき分けて球団の担当者とお話しができました。「プロ野球選手の脱税事件が今、毎日のように報道されています。プロ野球選手は野球少年のあこがれの的であり、そのプロ野球選手が社会人としてあるまじき脱税事件を起こしている。私は税理士としてプロ野球選手の正しい税務申告をさせていただきたい。野球少年たちの夢を壊さないでいただきたい。」ということを言いました。また、その後日、甲子園球場の裏手にあった阪神球団にも訪問し、同じようなことをお話ししました。残念ながら一件の成果もありませんでした。対応して頂いた球団職員の方に最後に次のようにお尋ねしました。

「私のようにプロ野球選手の正しい税務申告をさせていただきたい、と言って来られた税理士はおられますか？」すると球団職員の方は「だれも、どなたも来ていません。あなただけですよ。」と言われました。その当時、毎日大きく報道されていたのに誰一人として行動していないのです。結果として二つの球団事務所を訪れ、一件の成果もありませんでした。しかし、成果を求めて訪問したのではありません。税理士としての使命感に燃えて訪問させていただきました。私は今でもこのことについて大きな誇りを感じています。

使命感を持って仕事をすれば……

〝使命感を燃やす〟とは職業を通じてどのようにして世の中に貢献していくのか？ 仕事をしていて如何にお客様や取引先に喜んでいただけるのか？ を常に考えながら働くこと

です。自分の職業に使命感がなければ単に売上があがればいい、儲かればいいということになってしまいます。また成果（売上や利益）だけを求めて会社経営をしていると「あの社長は自社の売上に繋がることしかしない。」「あの会社は自社の利益になることしかしない。」とケチのレッテルを貼られてしまいます。売上や利益に繋がらなくてもそれが世のため人のためになるならやる。たとえ一円の売上にならないことでも使命感に燃えて一所懸命にやる。

人は見ています。世間は知っています。

一円の売上に繋がらないことを一所懸命にしているとやがて大きな売上や受注に繋がるのです。

会社も国も一致団結してこの国難を乗り切ろう！

（令和二年九月一日）

コロナ対策には多額の税金が……

今年度（令和二年度）の一般会計予算は一〇二兆円に対して一次補正予算と二次補正予算に計上されたコロナ対策費用はおよそ六〇兆円になっています。また個人も会社も所得が激減し、損失の繰越で今後個人は三年間、法人は一〇年間は税収が期待できません。東日本大震災の復興増税として所得税においては平成二十五年から令和十九年までの二五年間にわたり所得税額の二・一％が課税されています。

来年度以降において、税制改正としてコロナ増税が制定されるのは必至となっています。この国難の時期に税制を通じて国民みんなで分かち合うことに異論をはさむ余地はありません。

国会議員は自ら範を示せ！

しかし、この国難に及んで私が理解できないのは年間収入が四二〇〇万円もの金額を得ている国会議員がその歳費の返上や寄付を申し出ないことです。国会議員が多額の収入を得ながらその約半額は税金がかからないようになっています。与党も野党も、衆議院も参議院もなぜ多額な収入をこの国難の時期に辞退しないのでしょうか？ このほか一人の国会議員につき三人の公設秘書の給与も国から支給されます。つまり国会議員一人につき約七〇〇〇万円かかっていることになります。今年五月から国会議員に対する歳費については一年間に限り二割削減されていますがこの夏のボーナスは満額支給されました。また前述したように歳費は国会議員の収入の一部であり、「歳費の二割削減」は全収入金額の七・五％に過ぎません。

国会議員は無報酬または少額報酬として使命感を持ち、国家のビジョンを描き、世界の平和と繁栄に貢献していく人でなければなりません。かつては日本の政治家は私財を投じてまでも国家のために貢献した、と聞きます。国会議員だけでなく地方議員や首長に対する報酬金額にも注視する必要があります。

この時期にどのような人が議員にふさわしいのか？　国家や地域のために貢献する人か？　国家を食い物にして私財を蓄える人か？　よく見て次の選挙に臨みたいものです。

ユニクロの柳井社長は私財一〇〇億円を京都大学に寄付する、と申し出ました。柳井社長は〝世の中に貢献したい。世の中のお役に立ちたい。〟という想いがあったからこそ莫大な資産形成がなされたのだ、と私は思っています。

我が国日本は自然災害だけでなく、二度にわたる元寇や幾度にわたる富士山の大噴火等の自然災害、先の戦争による大空襲や原爆投下など数多くの国難を乗り越えてきました。国民みんなが一致団結して助け合い、励まし合って新型コロナ感染を乗り越えたいものです。

すばらしい人生・みじめな人生

（令和三年三月一日）

思い通りにならない人生だから面白い！

あなたにとって最高の人生とはどのような人生でしょうか？　そしてそのような人生を今、あなたは歩んでいるでしょうか？

思った通り、描いた通りの人生を歩みたいと思っても、なかなかその通りには行かないのが人生です。だから面白いのです。ではどうすればすばらしい人生を歩むことができるのでしょうか？

それは人のために生きることです。人が喜ぶこと、人のお役に立つことをやればあなたの人生が光り輝いてきます。

「自分の人生を人のために生きるなど、とんでもない」

「一度きりの人生だから自分がやりたいことをする」

そう思っている限り、あなたの人生に女神は微笑みません。これが私が七〇年の人生を生きてきて得た結論です。同じように働いていても自分のために働いているのか、人のために働いているのかで人生は大きく違ってきます。家族のため、社員のため、お客様のため、地域のため、日本のため、そして世界のために働く、生きるのです。その結果、あなたはすばらしい人生を得ることができます。

他人の生活を羨み、妬めばみじめな人生になる！

自分の人生と他人の人生を比較して不平不満を口にしたり、妬みや僻みをいう人がいます。また人の悪口や陰口をたたいたり、嘆き泣き言や愚痴文句を並べ立てる人がいます。このような人を見ていて幸せな人生を歩んでいる人を見たことがありません。

常に人や物や自然に感謝し、いつも微笑みを絶やさず、心が大きく広く美しく、そして強い。家族に恵まれ、健康に恵まれ、経済的にも恵まれ、すばらしい人生を送る。世の中は本当にうまくできている。この世の創造主は天か、神か、仏かわかりませんが自分中心で生きている人にはみじめな人生が与えられ、世のため人のために生きている人にはすばらしい人生が与えられる。このことに気付けばさらにすばらしい世の中になるのになぜ自分中心や自国中心の人や国があるのでしょうか？

せめてこの時代に、このすばらしい国日本に生まれた我々が率先して世界平和や地球安寧を願い、世のため人のために人生を送れば多くの日本人が幸せを感じるのではないでしょうか？

大阪が生んだ偉大な蘭学者であり、教育学者でもある福沢諭吉は「心訓七則」の中で次のように述べています。

世の中で一番みにくい事は、他人の生活をうらやむ事です。

世の中で一番尊い事は、人の為に奉仕して決して恩にきせない事です。

下戸の言い分

（令和六月三月一日）

酔っ払い天国　日本

海外でお酒を飲んだり買ったりする時に、ＩＤカードやパスポートの提示を求められるのは珍しいことではありません。特に日本人は年齢より若く見えるので、海外で提示を求められる機会が多いでしょう。

ところが日本では、二〇歳未満の飲酒は法律で禁止されているにも拘らず、社会人になれば、あるいは大学生になれば酒が飲める、と思っている人もいます。飲酒運転は厳しく取り締まりが行われるようになりましたが、酒を飲んで千鳥足で歩いている人や奇声をあげている人に対して、日本では諸外国と比べてまだまだ寛容なところが多いように思います。

残念ながら私はお酒のおいしさを知らない下戸《げこ》です。会費が決まっている忘年会や新年会等で、お酒が飲めない私はいつも割勘負けをしている気分になります。なぜお酒を飲む人も飲めない人も同じ金額なのか？　また、お酒が好きな人はここぞとばかりに値段の高い銘柄の日本酒や焼酎、ワインを注文する人もいますが、それでも割勘なのです。飲まない私が悪いのでしょうか？　この様な時に誰か勇気ある人が「お酒を飲めない人や飲まない人の会費は三千円、飲む人の会費は五千円」と言ってほしいものです。

時代とともに価値観も変わる

これと同じようなことは他にも多々あります。オールインクルーシブになっている豪華客船の船内でも、部屋の広さで運賃は変わりますがお酒を飲む人も飲めない人も運賃は同じです。これはグランクラスのあるＪＲの新幹線でも、航空機のラウンジや機内でも同様です。「お酒は飲み放題」とするのではなく、「お酒を飲む人は有料」として運賃を下げてはいかがでしょうか？　お酒を飲む人のほうが多く、飲まない人は少数派だから平均的な飲酒金額を算定し、加算して運賃を決めているのでしょうか？

かつては喫煙する人が多数派を占めていました。その頃は禁煙というだけで白い目で見られていましたが、今や航空機や新幹線等の公共交通機関は禁煙が当たり前となり、事務所や店舗等の屋内だけでなく外でさえ、条例により地域を指定して喫煙禁止地区が設けられるまでになりました。時代が変わったのです。

喫煙や飲酒に対して時代とともに価値観が変わります。「酔っ払い天国日本」もやがて泥酔者に対して取り締まりが厳しくなり、お酒が飲めない、あるいはお酒を飲まない人が多くなるかもしれません。家族葬が多くなった、一人暮らしの老人の増加、少子化等の価値観の変化により社会も大きく変わっています。その変化を嘆くのではなく、変化があるからこそ面白いと考える。そこにビジネスチャンスがあるのです。最近ではSNSを利用して価値観を変えて行くことや社会をリードすることもできるようになってきました。時代とともに変わる価値観を見極め、多様性を尊重する。不平等を見逃さず、思いやりの心配りを怠らない。それこそがリーダーとして経営者のあるべき姿なのではないでしょうか。

病気は自分が治すのだ！

（平成二十四年七月一日）

足の障害のおかげで人の優しさ・あたたかさ・親切を感じた！

三年ほど前から私の右足の調子が良くありません。痛くもないのになぜか上がりにくくなっています。整形外科・脳外科・神経内科・鍼灸院・整体等、多くの先生に診ていただきましたがレントゲンを撮ってもＭＲＩで検査しても全く異常はありません。原因として心当たりがあるのは次の三点です。

（１）二〇歳から痛風が発症し、右足親指の関節が痛く、自然とそこをかばった歩き方をしていたこと。

（２）一〇年前から車で移動するようになり、一日三千歩以下の歩数となったこと。

（３）加齢による筋力の低下

それで今、車をやめて主に電車を使うようにしています。そして一日一万歩以上を目途に歩くようにしました。おかげで最大八七kgあった体重も七五kgまでになり、今年中に七〇kgを目標にしています。

この足の障害のおかげで多くの人の優しさ・あたたかさ・親切を感じています。なんと多くの人はこんなに優しいのでしょうか！　先日、東京の中央線に乗っていると座席に座っていた小学四年生ぐらいの女の子が席を譲ってくれました。生まれて初めての経験でした。その好意に「ありがとう！」と言って座らせていただきましたがあまりにもうれしくて泣けてきました。

いままで私は元気で健康でした。そしてそのことが当たり前だと思っていました。この元気な体を下さった父・母に感謝することもなく、力強く歩ける自分の足を労わることもしていませんでした。今になってやっと社長室に亡き父の遺影を掲げ、毎朝手を合わせ挨拶と報告をしています。自分の足には自分でマッサージをしながら〝ありがとう！〟と何回も唱えています。

医者が治してくれるのではない！　薬で治すのでもない！

ガンを宣告されながら完治した人がいます。脳梗塞で倒れ、半身不随になりながらその三年後にホノルルマラソンで完走した人がいます。「あなたはこどもが授からない体だ」と四つの病院で言われながらトイレ掃除をして見事に男児を出産した人がいます。

これらのことに共通するのは医者から何と言われようが〝必ず治す！〟〝必ず治る！〟〝必ずこどもができる！〟と自分自身が心から信じることです。心から信じればそうなるのであり、そうさせるのです。

医者は多くの検査データから診断していただきますが治すのはあなたです！

薬の多くは対処法であり、そのが病気の原因を取り去るのではありません！

難病と言われようが、余命を宣告されようが、自分の命を、自分の体を世のため人のためにお役に立つ、とあなたが決意すればその通りになります。

わがままを捨てる！

（平成二十五年五月一日）

ただ詫びるだけ！

ここ三〜四年、なぜか右足が上がりにくく、正常に歩くことができません。多くの人から「痛そうに足を引きずって歩いている」と言われますが当の本人は全く痛みがなく、ただの加齢によるものと軽く考えていました。いろんな検査をしましたが異常はありません。

（平成二十四年七月号「病気は自分が治すのだ！」）

自分の歩行がおかしいので人の歩き方を注意深く見るようになりました。すると私と同じような歩き方をしている人を見かけます。その人たちを見ていてやっと最近になってその原因がわかってきました。

先日、病院の待合室で私と同じような症状の人がいました。年齢は七〇歳ぐらいの方でご夫婦ご一緒に来られていました。男性の足が少し不自由で、奥様とみられる女性が付き添いでおられました。その老夫婦の会話を傍でみているとその男性はとにかくわがまま言いたい放題なのです。女性の方はもう聴き慣れているのか、その言葉に反発することもなく「はい、はい」という感じでした。その二人の姿を見、会話を聴いていて自分自身のことにはっと気づきました。私も全くその老夫婦の男性と同じなのだ、ということを……。

とにかく本当にわがままな自分でした。言いたいことを言ってきました。言われた相手がどんなに傷つくか、どんなにいやな気分になるかを考えることなどしていませんでした。言いたいことを言い、やりたいことをやり、行きたい所へ行ってきました。人からは決断力があり、行動力があり、リーダーシップがある、と言われ、自分でもそう思っていました。しかしそれは見方を変えれば私の〝わがまま〟に他なりません。このようなわがままな私に三五年以上連れ添ってくれた妻に心からお詫びします。また、私のようなわがままな社長のもとで働いていただいている社員のみなさんにも心からお詫びします。

わがままとリーダーシップの違い

私とよく似たわがままな社長をみると「この会社の社員は大変だろうな」「この社長の

下では働きたくないな」と思います。社長であるその人をよくみると実に私とそっくりなのです。それではわがままとリーダーシップの違いはどこにあるのでしょうか？ 会社を経営したり、組織を運営したりしていると怒りたいこと・嘆きたいことがあります。どんなにきつく怒っても部下から慕われるトップがいます。それは自分のわがままで怒るのではなくその部下のため・会社のため・顧客のため等であることがわかるからです。わがままとリーダーシップは紙一重です。今までの自分のわがままを心から詫び、理念とビジョンを明確にし、自分のまわりの人たちの幸せを強く願ったときに真のリーダーシップを持ったリーダーが誕生します。

第4章 人を育てる

今こそ社員教育の実施を！

（平成二十二年七月一日）

大きいことはいいことか？

ずいぶん前に作曲家の故山本直純さんが「大きいことはいいことだ！」と言っていたコマーシャルがありました。会社経営も大きくすることがいいこと、と思われていた時代がありました。規模を大きくすれば大量仕入で安くすることができる、会社が大きくなれば優秀な人材が採用できる、等々。ところが最近は大きくすることがいいことではないことがわかってきました。

会社の規模を表すには次のようなものがあります。

①年商　②従業員数　③資本金額　④総資本額

一方、会社の財務上の強さを表す指標には次のようなものがあります。

①社員一人当たり粗利益額（生産性）　②総資本経常利益率（収益性）

③自己資本比率（安全性）

これらの財務指標で業種を問わず、優良企業と言われるところは社員一人当たり粗利益額が年一、〇〇〇万円以上、総資本経常利益率が一〇％以上、自己資本比率が五〇％以上です。そして財務体質を強くするにはまず、生産性を高める必要があります。生産性が高まれば収益性が高くなり、またその結果として安全性が高まり、財務体質が強くなります。

売上よりも利益を、利益よりも……

しかし残念ながらいまだに売上を追いかけている経営者が多くいます。売上を追いかけると安値販売、赤字受注、広域営業、取扱商品の増加等になり、その結果、貸し倒れや未回収・不渡りの発生、在庫の激増等となってきます。大切なことは売上をあげることではありません。利益です。しかし利益も追いかけるものではありません。あなたの会社を強くするにはそう、生産性を高めることです。その生産性を高めるにはあなたの会社の社員、あなたのお店のスタッフに今一度、基本の挨拶、気配り、改善等の社員教育を行うことです。ただし、この社員教育を実施する目的はその社員の成長を心から願うことから始まります。会社の、お店の売上をあげたいから、利益をだしたいから行うのではありません。**経営者であるあなたが、あなたの会社・お店で働く人たちを心から応援するのです。心からエールを送るのです。**同じように社員教育を行ってもそれを実施する趣旨や目的・想い・考え方でその成果は大きく違ってきます。会社の財務体質を強くするにはまずしっかりとした理念のもとに社員教育から行いましょう。

史上最低の内定率改善への提言

（平成二十三年三月一日）

採用しない企業が悪いのか？　学生の質が低いのか？

今春卒業予定者の就職内定率が史上最低の五七・六％（平成二十二年十一月末現在）である、と報じられ、新卒者の就職の厳しさが浮き彫りになりました。そしてテレビや新聞等のマスコミと共に政府までもが新卒者採用数を減らした企業が悪者扱いにされています。毎日、多くの中小企業の経営者と接している私から見れば〝バカなマスコミ〟であり〝アホな政府〟に写ります。昨今のような厳しい経営環境下であっても多くの中小企業は若さとやる気にあふれた新卒者を採用したいと思っています。しかし残念ながら学生はそのような中小企業には見向きもせず、大企業や公務員志向が強くなっています。三〇名にも満たない当社に応募してくる学生との面接時に「どんな人生を送りたいか？」と尋ねると「平凡な人生」「安定した人生」と答える学生が多くいます。そう思っているから少しの困難やちょっとした問題に直面するとそこから逃げようとするのです。その困難や問題から逃げることなく、避けることなく、乗り越えれば大きな自信と成長した自分がそこにあるのに……。

当社の内定者訓練は五日間あります。昨年の内定者訓練で、一人の女子内定者が二日目の朝、「内定を辞退したい」と申し出てきました。「私が思っていた会社と違う」というのがその理由でした。「誰かに相談したの?」と聞くと「同い年の彼に相談しました」「その彼は何と言っているの?」「〝いやだったら辞めたら〟と言いました」「親には言ったの? 親は何と言っているの?」「〝気をつけて帰っといでや!〟と言っています」この事件を契機にして当社の新卒者採用は約一五年間にわたる幕を下ろしました。

心身とも強健な人材を送り出す提言

私が総理大臣なら内定が決まっていない学生に向かってこう訴えます。「希望者に限り、自衛隊で二年間、君たちをみっちりと鍛えます。そして二年後に逞しくなって世に送り出します!」それとともに経団連等の経営者団体に向かってこう訴えます。「二年後に心身とも逞しくなった若者を輩出します。ぜひ、このすばらしい若者たちを採用してあげてほしい！」と……。憲法を改正することもなく、少しの予算を計上するだけで国を愛し、知識と技術と意欲を持った若者が増えるのです。

今、政府は各種の補助金・助成金・税額控除等で雇用を確保しようと躍起になっています。しかし、この〝お金で解決〟しようとするその姿勢・考え方は何ら学生の意識を改善することも意欲を高めることもありません。いや、むしろ〝もらえるものならもらわなければ損〟という風潮を助勢し、それが生活保護所帯数の増加等にも繋がっています。安直な政治家が安直な政策を掲げ、安直な国民を生んでいきます。**崇高な理念のもとにすばらしい政策を実行していくことがすばらしい日本人、りっぱな社会人を育てていきます。**

「私が悪い」

（平成二十六年十一月一日）

労務問題発生の本質は……

昭和六三年七月一日に六坪の事務所で開業して以来、二十六年が過ぎました。今から振り返れば順風満帆のように見えますが実際は苦難の連続でした。信頼していた部下の不正事件、六名の一挙退職事件、労働組合結成事件等。当時はそのような社員を責め、非難し、嘆いていました。怒りや憎しみ、悔しさが私の心の中で渦巻いていました。そこにあったのは「私は正しい」という思いでした。

しかし、私が今、思うのは「私が悪い」という心からの反省と謝罪です。当社を辞めていった部下や労働組合を作った社員が悪いのではなく、彼らをそのようにしたのは全てトップである私の言動や行動が原因であった、ということに気付きました。

そのような社員を採用し、教育していったのは他の誰でもなく、この私なのです。私と社員とのコミュニケーションの不足であり、お互いの信頼の欠如です。もっと彼らを理解して、信頼して、労いの言葉をかけていればそのような結末にはなっていなかった、と思うと残念でなりません。

その頃以上に昨今はサービス残業や過酷労働に対する世間の目は厳しさを増していきます。深夜一人労働などでブラック企業と名指しされた外食産業の会社には採用活動をしても応募者がなく、多くの店で閉店や休業を余儀なくされています。

最善の解決策は〝ツミの自覚〟

得意先からいただいた手形が不渡りになりました。誰が悪いのでしょうか？ 手形を振出し、不渡りにした会社でしょうか？ いいえ、不渡りになることを見抜けなかったあなたが悪いのです。

夫婦・親子・兄弟が不仲であるのも相手を責め、あるいは嘆いても何も解決しません、解決に導く最良の方法は「私が悪い」と土下座し、詫びることです。

幾日幾夜父母にひれ伏し、夫にぬかづき、否、妻の前に全身をひれ伏し、子に首を垂れ、弟子に詫び、行員に誓う。わび、あやまり、罪悪のことごとくを放逐する。その時、身分年齢の高下をこえて、相手を無上に敬って、ただ涙をそそぎ、至情を吐露する。

この時、あらゆる我情は、洗いさられた明澄至純の心境に達する。家が変わり、環境が変わり、人が変わる。

（丸山敏雄）

日本の今の豊かさに感謝しよう

（平成二十五年三月一日）

ずっと餓えと寒さに耐えてきた！

私が子供のころ、農家であった我が家はただただ寒かった記憶があります。毎年、冬になると手足や耳にしもやけができました。手や足は赤く腫れあがり、耳にはかさぶたができました。栄養状態も悪く、火鉢で暖を取っていました。水仕事が多い母や祖母の手はあかぎれが当たり前のようになっていました。昼間に摘んだパセリを夜なべで八人の家族全員で束を作り、一〇〇束を一つの箱に入れて市場に出荷していました。農耕牛一頭とニワトリ三〇羽の世話をするのが私の役割でした。畑に行って雑草を刈り取り、飼料店で買ってきたフスマととうもろこしに残飯を混ぜて餌にしていました。毎朝、そのニワトリが産んだ玉子をとるのが楽しみでした。冷蔵庫もなかったのでもみ殻の中にその玉子をおいていました。

やがてアルミサッシとエアコンの普及のおかげで我が家も随分暖かくなりました。バナナと玉子が高級品であった時代から見れば食卓も豊かになりました。その豊かさが当たり前になってくると人間は今の豊かさが随分と昔からあったように思います。しかし、この日本もつい最近まで、つまりこの私が子供のころまで決して豊かではありませんでした。いや、人類誕生からつい最近まで何億年と人は飢えと寒さに耐え忍んできました。いま、暖かい部屋でおいしい食事がいただけること、これは何とすごいことでしょうか！　何とすばらしいことでしょうか！

しかし、いまこの地球上でも多くの人が飢えと寒さを耐え忍んでいます。いま、この時代にこの日本にいること、それだけで最高に幸せなことです。親や先祖が大変な思いをしていまの日本の豊かさを築いていただきました。このことに対し、今を生きる私たちは深く感謝するとともにこの豊かさを子供や孫に引き継いでいかなければなりません。

謙虚さと感謝の心を

北海道の夕張市が財政破綻しました。ＥＵのギリシャも破綻寸前です。つまり国家も市町村も会社も人生もしっかりと運営していかなければ破綻をきたすのです。「盛者必衰のことわりをあらわす」と平家物語にもある通り、繁栄や豊かさは長続きしないのです。〝すべての道はローマに通ずる〟と言われたローマ帝国もチンギスハーン率いるモンゴル帝国も六〇〇年間栄えたオスマン帝国も永遠ではありませんでした。ましてやあなたが経営する会社は今後、たった一〇年でさえ続くという保証は何もありません。今日まで存続できたことに感謝するとともに創業から今日まで多大なお世話になったお客様や取引先・社員や商品・機械・社屋などに心から御礼を言って下さい。経営者であるあなたのまわりの人・物に対する感謝の心があなたの人生を豊かにし、あなたの会社の存続を確かなものにします。

くやしさをバネに！

（平成二十八年七月一日）

去る五月一二日（木）、金沢市にある会宝産業株式会社に、当社主催の「日本一セミナー」で訪問させていただきました。

会宝産業株式会社にお伺いしてまず、一番に目に留まるのが「宣言あいさつ日本一！きれいな工場世界一！」という看板でした。工場内を見学していると、出会う社員の人みんながサッと立ち止まって「こんにちは！いらっしゃいませ！」と明るく、元気よく、大きな声が響きます。宣言通り、まさしく「あいさつ日本一！」の会社です。

また自動車解体業と言えば床は油だらけ、そして山積みのポンコツ車が当たり前と思っていました。ところが、会宝産業はそんな固定観念を一変させます。宣言通り、きれいです。整理整頓が行き届いています。中古車から取り出したハンドルやエンジンが、整然と棚に収まっています。

入庫した車種の異なる数多くの車が、広い駐車場に置かれていました。なんと、なんと、その駐車の位置を見てビックリしました。前のボンネットの位置が、見事に、きれいに揃っています。この一見、何でもないことが他の多くの会社では出来ないのです。「駐車位置を揃えたところで売上が上がる訳ではない」それは素人の考え方です。〝揃える〟ことが業績にも反映するのです。

「ポンコツ屋」「クズ屋」そう呼ばれるのが悔しくて〝なんとかこの業界を誇りあるものにしたい‼〟近藤会長のその強い想いをバネにして現在の会宝産業があります。三七歳から六〇歳まで酒もタバコもゴルフも一切やらずに、この業界を、この会社をすばらしい業界に、すばらしい会社にしたい！その強い信念が礎になっています。

もうひとつ、私が驚いたのはＫＲＡという在庫管理システムです。入庫してきた車をエンジンやシートという部品と、鉄・アルミ・硝子などの資材に分けます。部品は、日本車が活躍している世界八〇ヵ国以上に輸出されています。その部品一つ一つがどの車のものかが判り、一台ごとの利益も算出されます。在庫管理こそ宝の山です。専門家の私が見てもとても難しいと思われる在庫管理を徹底されていることに、深く敬意を表します。

私たちが今、目にするのは立派になった会宝産業ですが、今日に至るまで数多くの苦難や障害があったはずです。しかし、温かで、優しくて、穏やかな表情の近藤典彦会長を見ているとまるでそのようなことがなかったかのような、仏のような近藤会長がそこにおられます。

遠路アフリカからお帰りになったばかりの日に疲れも見せず、明るくイキイキと語られる近藤会長のその姿は、まさしくきらきらと輝く宝そのものでした。会宝産業はそこに働く社員に、仕入のお客様に、バイヤーに、同業者に、地域に、幸せと元気を提供する宝の会社です。訪問した我々こそが会宝産業という大きな宝に出会った、と感じました。

今こそ新卒者採用を！

（平成三十年五月一日）

抵抗・反発・摩擦があるのは当たり前！

この四月から二名の新入社員が当社に入社しました。採用難時代に社員が増えることに大きな喜びを感じるとともに、当社の将来性を信じて入社した彼らに対して、その期待に応える責任を痛感しています。

当社では、新卒者採用を設立五年目から続けています。成長している会社の多くが「新卒者採用を始めて、その採用した彼らが三年経ち、五年経って戦力化してきた頃から業績が飛躍的に伸びて行った」ということを知ったからです。私の出身地である八尾市に、子供服のミキハウスがあります。そのミキハウスがまだ年商一億円のときに一千万円をかけて新卒者採用をして二名が入社し、その後定期的に新卒者採用して、彼らが戦力化してきたころから、八尾の一アパレルメーカーが今や日本を代表する子供服メーカーへと成長して行きました。

ところが中小零細企業の多くが即戦力の人材を求め、中途者採用をしています。自社で教育することなしに他社で教育された人材の採用を繰り返しています。これではいつまで経っても中小零細企業から脱却できません。当社でも初めて新卒者採用をしようとしたときに多くの社員からの反発がありました。「何もできない、何も知らない新卒者を採用してどうするのですか！　誰がその新卒者を教育するのですか！」という意見が大半でした。このように反発する社員を説得し、納得してもらい、協力してもらう必要があります。今までやったことがないことに社員からの抵抗・反発・摩擦があるのは当たり前です。だからやらない、だから諦めるのではなく、だからやるのです。

大切なのは会社規模ではなく、社長の熱意だ！

事業を拡大する。支店や店舗数を増やす。そのために人材は不可欠です。ところが経営者の中に「うちのような小さな会社に新卒者など来るはずがない。」と決め込んでいる人がいます。会社もいろいろ、学生もいろいろです。大企業の中の一員ではなく中小企業で活躍したい、と思っている学生もいます。会社説明会において社長が学生に向かって話す時に心の中に持っておいて欲しいものがあります。それは〝我社のようなすばらしい会社に来ないでどこに行くのか？〟という自信と誇りです。それがあれば、社長であるあなたや会社に惚れ込んで入社してくれる学生はいるものです。新卒者採用はこのような会社説明会だけでなく、採用試験、内定式、内定者研修、入社式、新入社員研修と多くの時間と費用がかかります。しかし、手間暇かけて人材が人財となったときに大きな喜びと感動がありまます。おいしい果物を収穫するためには土壌づくりから始めて施肥、防虫、摘果等、手間暇をかけ愛情をかけて育てます。人財育成も手間暇をかけて教育研修し、社内全員からの期待と愛情からすばらしい社員が育っていきます。

難と易の道あらば難の道を行くこと。

親が言ったことに反発して

（平成三十一年一月一日）

習字も英語も自分勝手な考えで学ばなかった！

私が小学生の頃、兄も姉も習字を習っていました。母から勧められて私も兄や姉と同じ習字の塾に行き始めましたが面白くなく、「字は上手に書かなくても読めたらいいんや！」と早々にその習字の塾を辞めました。当然、今でも私が書く文字は拙く、恥ずかしい思いをしています。親の言うことを聞かず、あまのじゃくの私でした。

中学生になると英語の授業が始まりました。「これからは英語が大切だからしっかり勉強しなさいよ！」と言った母に反発して「僕は海外に行くこともないし、海外の人と話すこともない。日本人は日本語が話せたらいいんや！」と言って英語も勉強せず、高校入試や大学入試で苦労しました。今になって英語を勉強しなかった反省とともに英語の必要性・

重要性をひしひしと感じています。

つまり、親は長年、生きてきた体験や広い視野から子供にいろいろな助言をしてくれます。しかし、その子供はたかだか一〇年ぐらいしか生きていません。狭い視野で、自分勝手な思いで親の言うことを聞かず、自分の考えを押し通すのです。

親も上司もあなたの幸せを祈っている！

「好きだから結婚する。」若い頃はそれでよいと思っていました。しかし、結婚すると親兄弟との付き合いがあり、義理の親や祖父母、兄弟とも仲良くしていかなければなりません。また、家の格式の違いや地域の習慣や行事への参加などが若い二人に大なり小なり影響してきます。「あの人と結婚したい。」と言っても親が反対するのは我が子の幸せを考えての結果です。親は長年の人間関係や多くの経験から反対するのです。しかし、若い二人にはなかなか理解できません。学生時代から多くの友人を見てきました。社会に出てからは上司や同僚を見てきました。会社を起こしてからはお客様や社員を見てきました。その中から〝人を見る目〟が培われていきました。

結婚式や結婚披露宴によくご招待いただきますが「結婚を考えている人がいます。一度、お会いしていただいてアドバイスをいただきたいのですが……」と言ってきた人はわずかです。祝宴の場で初めてお会いして「よいカップル」と感じる場合と「不安を感じる二人」の場合があります。もう少し早く紹介していただいていたら何らかの助言ができたかも知れません。

親や上司はその子や部下よりも長く生きています。数多くの体験をし、数多くの人間を見てきました。親や上司の言うことを素直に受け入れることのできる子や部下が人間として、社会人として大きく伸びています。

親や上司の言うことを純情《すなお》な心で受け入れましょう!

求められる能力

（令和元年七月一日）

能力には一〇〇以上の種類がある

中学生の頃か高校生になってからか、はっきりと覚えていませんが、√（ルート）を学びました。ルート2はヒトヨヒトヨニヒトミゴロで1・41421356を二回乗じると2になります。ルート3はヒトナミニオゴレヤで1・7320508で3になります。同じくルート5はフジサンロクオウムナクで2・2360679で5になります。なぜか今でもはっきりと覚えています。しかし、社会に出てから一回もルートを使ったことがありません。職業によってはよく使う業種もあるかも知れませんが、少なくとも税理士になって三〇年以上経ちますが一回もルートを使ったことがありません。今でも覚えているルートは一体なぜ覚える必要があったのでしょうか？

人間の能力には一〇〇以上の種類があるといわれています。その中で学生時代に求められる能力は、たかだか記憶力と理解力ぐらいです。ところが社会において必要とされる能力には説得力、交渉力、決断力、先見力、指導力などが必要です。学生時代において求められる能力は一〇〇以上ある人間の能力のうち二つです。歴史の年号を覚えました。英語のスペルを覚えました。漢字や化学記号も覚えました。その記憶力や理解力で学校の成績が決まり、進学する高校や大学が決まりました。ところが社会においては学校で習ってきた基礎学力も当然必要ですが、それ以上に説得力、交渉力、決断力などのほか、行動力、リスク予知能力、判断力などが重要になります。しかし、学生の頃に自分にそのような能力があるのかどうか、わかりません。なぜでしょうか?

社会人になって気付く自分の能力

社会において必要とされる能力は、学生の時にはそれが必要とされるシーンはほとんどありません。だから自分でもそのような能力があるのかどうかはわかりません。社会に出ていろいろなビジネスシーンを経験すると、そのような能力が花開いてくるのです。

ところが、いくら潜在的に社会において求められる能力を持っていても、花開かない人が多いのです。それはなぜでしょうか？

自分は所詮、高校卒だ！　自分は三流大学の卒業だ！という負け癖が付いてしまっているのです。学生時代のたかだか記憶力と理解力の二つの能力だけで負け組になっている人が何と多いことでしょうか。

自分のまだ花開かない潜在能力を信じ、いろいろなビジネスを経験し、自分に備わっていた能力に気付くのです。人生は学校の成績では決まりません。人生は卒業した高校や大学でも決まりません。だから人生は面白いのです。あなたの可能性を信じて下さい。あなたが持つ能力に気付いて下さい。

人間には無限の可能性があるのです！

強いリーダーシップを！

（令和五年十一月一日）

反対する少数派はどこにもいる！

我が国日本も今年の十月から消費税におけるインボイス制度が導入され、免税事業者や簡易課税適用事業者の益税（受け取った消費税を納税しなくてもよいこと）がなくなる方向に進みだしました。平成元年四月から三％の税率で始まった消費税は当初、売上税という名前で法案が国会に提出されたにも拘らず廃案となった経緯があります。消費税が導入されてインボイス制度になるのに三四年が経過しています。

私が三〇年ほど前に台湾を訪れたときには既に日本の消費税にあたる営業税が導入されており、どこのお店でも統一された領収書をいただきました。台湾では「統一発票」といい、インボイス方式が実施されていました。このこと一つを見ても我が国日本の〝決められない政治〟とリーダーシップの低さを感じます。

諸外国では出生した時にＩＤ番号がつき、ＩＤカードが発行されます。それが行政等の効率化を推進しているだけでなく、少ない公務員、小さな政府の実現に大きく貢献しています。一方、我が国では国民総背番号反対の声に押されてマイナンバーカードの普及率が伸び悩んでいます。このカードの保有を法律で決めれば運転免許証番号、納税番号、年金番号等が統一されます。高速道路におけるＥＴＣカードも、今は所持していなくても高速道路は走れます。しかし現金の授受をしているゲートには後続車の渋滞が発生します。高速を走るならＥＴＣ、所持していないのなら一般道路、と決めればよいのです。

一人一人が強いリーダーシップを！

この「決める」ことに反対する人はどこにもいます。その反対するノイジーマイノリティ（うるさい少数派）を説得し、納得させ、協力していただくには強いリーダーシップが必要です。住みやすい便利な街を作るための土地区画の整理や都市計画道路なども反対する人がおり、多くの現場で中断もしくは中止となっています。このような時にサイレントマジョリティ（黙っている多数派）の中からリーダーシップを発揮する人があらわれればそれらの事業は前に進むのです。

やかましい少数派の意見がまかり通り、声なき多数派の考えが否定される日本であってはなりません。何が正しいのか、どうすればよいのか、を決める判断力をつけ、反対する人に対する説得力や交渉力が強いリーダーには必要です。さらに言えば海外の人に対する語学力も必須となります。おとなしい、人のよい、だまっている日本人では国際社会では負けてしまいます。安全・安心の日本の海鮮食品に対して汚染されていると声を大きくして唱え、人のものまで自分のものと言い張るのは珍しいことではありません。

コロナ禍が一段落した日本に美しい紅葉や美味しい日本食を求めて多くの外国人が来日しています。私たち一人一人が強いリーダーシップを発揮し、民間外交官としての意識を持ち、笑顔で優しく親切に接することが国際社会において日本の評価を高めていくのではないでしょうか？

マイナンバーカードの普及に思う

（令和四年十一月一日）

なぜ国税庁や税理士会は何も提言しないのか？

コロナ禍で多くのお店や会社が打撃を受け、国は緊急融資制限や家賃補助、助成金などを打ち出し、事業継続や倒産防止に一定の効果をあげました。しかし、残念ながら補助金・助成金の支給の緊急性に鑑み、十分な審査をすることなく支給したために不正受給が行われた、という事件が発生しました。その実行犯の中に国税庁職員が複数名存在し、甘い審査で支給したことが判明しました。

緊急性を有し、かつ、不正防止のチェックは個人や法人の申告書を提出している税務署にその資料があり、簡単な照合だけですばやく支給できたはずです。また、法人番号やマイナンバーを記載すればさらに早く、確実に補助金や助成金を支払うことができました。

言い換えればマイナンバーを取得していればいち早く支給される、という事実を示すことになり、マイナンバーの普及に一役かったはずです。

しかし、税務署も税理士会もなぜか税務申告書に基づき、そしてマイナンバー記載のある納税者から順に補助金等を支給していくことは何も言いませんでした。税務申告書を納税以外に利用することができないのであればできるように法律を作ればよいことです。

変化に対して反対する人はどこにでもいる!

ここに来てやっと健康保険証とお薬手帳、診察券それに運転免許証がマイナンバーカードに統一され、一挙にマイナンバーカードの普及率が高まりました。七〇歳から健康保険証が二枚になり、その二枚の大きさや材質が異なり、不便この上ないのです。この二枚の発行元を調べてみると「保険者」と記載があり、私の場合二枚とも「全国健康保険協会大阪支部」となっています。〝同じところが発行しているのに何で大きさも材質も違うねん!〟と怒り心頭です。二枚を一枚になぜできないのでしょうか?

同じようなことが他にもいっぱいあります。雇用保険を受給するときに必要な「離職票」の様式はこの五〇年間、ほとんど変わっていません。しかもほとんどの審類の大きさはＡ４に統一されたのにこの離職票だけはずっとＡ３で、しかも会社印の押印は二枚目にするという不便極まりない書類です。所轄官庁である厚労省や担当官はなぜ改善できないのか？　改善しようとする意志がないのか？

マイナンバーカードの普及が進まなかった最大の原因は個人情報の漏洩です。その管理には最大限の注意を払う必要があります。多くの国では生まれたときにＩＤカードが発行され、その番号が教育、医療、年金だけでなくパスポートや税務申告等まで統一されています。何事も変えて行こうとすると、賛同する人と反対する人がいます。反対する人の意見も聴いて説得し、納得し、協力していただく。これを楽しく、面白くすればあなたの人生は素晴らしいものになります。

明るいところ、楽しいところ、面白いところに人は集まる！

（令和六月一月一日）

なぜ甲子園に人が集まるのか？

三八年ぶりに日本一に輝いたプロ野球の阪神タイガース。そのホームグラウンドである甲子園球場は連日大入り満席で、球団も阪神電鉄も終点の阪神梅田駅の上にある阪神百貨店も多くのお客様で賑わい、多くの利益が出ているのではないでしょうか。

また、コロナ禍のために中止や延期が続いた音楽フェスにも数万人の人が集まり、大盛況での開催が連日報道されています。一方、私の母校である日大農獣医学部（現・生物資源科学部）の校友会にはOBが一二万人いるのに、先日開催された総会の出席者はたった七〇名弱でした。しかもその出席者の大半は高齢者であり、男性でした。大阪から自費を投じて参加した私は、司会者が「以上の報告に対して何かご質問、ご感想はございませんか？」と言われ、すかさず手を挙げて次のように述べました。「多くのＯＢがいる中で今日の総会の出席者はわずか七〇名。この現状を役員の皆さんはどう思われているのか？」すると事務局の司会担当者が「総会通知を送付しても返信がない。返事があっても多くが欠席。なんとかこの現状を改善したいがどうすればよいか？」と逆に意見を求められました。

会社も校友会も組織という点で同じ

人は明るいところ、楽しいところ、面白いところに集まります。五年先の校友会総会の集客目標を三〇〇人とします。どうすれば三〇〇人の人が来てくれるのか？　そして来年から出席者を段階的に増やしていき、五年先の目標である三〇〇人の目標を達成する。一歩一歩着実に出席者を増やし、出席した人たちが同じ日大ＯＢに楽しかった！　面白かった！　と言い、参加者を増やしていく。そこに役職としてのやりがいがあり、達成感や連帯感が生まれるのです。返事がない、という現状を嘆いても改善しません。明確な目標を立て、戦略を練り、着実に増やしていく。これは会社の経営計画と同じ手法です。業績の上がらない会社の経営者は、現状を嘆き、そこに働く社員を責め、融資に厳しい銀行の悪口を言います。

一方、業績が上がっている会社の経営者は、社員やお客様に感謝し、商品を大切に扱い、着実に目標を達成しています。組織運営という点において校友会という組織も会社という組織も変わりありません。三年先、五年先の明確で具体的なビジョンを立て、それを実現するために今年は何をしていくのか？という行動計画を立て、戦略を練り、着実に成果を上げていきます。今の校友会のように毎年繰り返される目標やビジョンなき総会では先細りとなります。先ず、学科別や卒業年度別において集客目標を立てます。これは販売計画で月別・商品別・担当者別・得意先別を立てるのと同じです。目先経営から脱却すれば業績が上がり、目先集客から脱却すれば目標は達成するのです。

信用を高める・信頼を深める

（令和六月五月一日）

時間を守る　約束を守る　納期を守る

信用や信頼は見ようとしても見えません。見えない、わからないからどうでもよい、と思っているとしたらあなたは経営者失格です。おおよそ商売や事業をしていてこの信用や信頼の重要性がわからなければ商売も事業もうまく行くはずがありません。

時間を守らず、いつも遅れてくる人がいます。少しくらい遅れても許してもらえる、という甘えがあります。時間に遅れないようにしよう、という反省がありません。そのような人に対してどんどん信用がなくなっていることにいつ気付くのでしょうか？

支払いの約束の期日を守らず、支払いが遅れるところがあります。大手企業なら一回でも期日に遅れるとすぐに取引停止になります。「得意先からの入金がないのでお支払いできない。」という言い訳をします。ビジネスの世界でそのような言い訳は適用しません。〝何が何でも期日に支払う〟という覚悟。〝命を懸けて〟という決意が必要です。

納期を守ることも信用を高めるために必要です。ある工具販売会社では工具一つ、ナット一個でも納期に遅れるようならたとえ新幹線を使ってでも納期に間に合わせます。このような行動規範がその会社に対しての信用となります。

築くのは一歩一歩　崩れるのは一瞬

信用や信頼は見えません。しかし見えるものから判断することはできます。見えるものというのはその会社の経営理念や社是・社則です。〝信用第一〟や〝先義後利〟というものがあり、社長の行動を見ていて一人一人に浸透している、と感じられるか？

社長が言ったこと、話したことを録音している社員がいます。以前に社長が話をされたこと、言われたこととチェックをして矛盾はないか？　内容は話す相手によって違っていないか？　もし、社長が以前に話した内容と今、話す内容と違っていれば一瞬にして社長と会社に対する信用が崩れてきます。

しかし、当然、経営環境は時々刻々と変わっています。「社長は以前に言ったことと今、言ったことが違う。」という場合もあります。経営をしていくには朝令暮改もありうる、ということを社員に理解してもらうことも重要です。また、「経費節約と言いながら社長はよくゴルフに行く。」と言われたりします。

社長からすれば大事な商談を一緒にゴルフをしながら成約する、というトップセールスです。しかし、立場上、理解できない社員がいます。「先日、ゴルフに行って大きな商談を取ってきた。」という社長の一言で誤解から生じる不信感を払拭することも必要でしょう。

信用を築くのは一歩一歩ですが崩れるのは一瞬です。個人も会社も信用の重要性を十分に認識し「信頼される人、信用の厚い会社」であり続けたいものです。

おわりに

この『上喜元』は税理士法人ジェイエスケーがクライアント向けに発行していた『ＪＳＫ通信』の巻頭言として書いたものです。従って読者の多くが中小企業の経営者です。最低資本金制度がなくなり、会社は一円でも設立でき、一円で社長になれるようになりました。

しかし、会社として存続することは至難の連続であり、設立後一〇年以内に九割以上が倒産・廃業に追い込まれます。中小企業の社長の多くは経営がわからず、決算書が読めず、今日も現場で職人として、シェフとして働いています。つまり、肩書は社長であっても経営者ではないのです。経営者なら経営理念を掲げ、ビジョン（目標）を明確に立て、銀行からの資金調達やトップセールスとして優良顧客の開拓や優秀な社員の採用や育成等をしていかなければなりません。しかし、残念ながら運送会社の社長は運転手をし、飲食業の社長は今日も厨房に立っています。

中小企業の社長で経営者になりたい人、経営を学びたい人に対して私がお教えさせていただきます。ご連絡いただければ幸いです。

本書は、すでに刊行した『上喜元』Ⅰ、Ⅱの続編です。今回編集、ＤＴＰを担当いただいた風塵社の小松尚志さん、Ⅰ、Ⅱに続き装丁を担当いただいた西村吉彦さん、今回も出版をお引き受けいただいた鹿砦社の松岡利康代表に感謝いたします

上能　喜久治

ドクターの家に行った息子がそのドクターのお母さんとお会いして、「上能です。」と言ったら、奥から写真をもってきて、「以前初めての海外旅行でハワイに行ったときに、あなたのご両親には大変お世話になりました。」

Ⅱ　物の縁

1）48歳の結婚記念日に食事に行った帰りに……　　9月15日に帝国ホテルでランチ。ホテルから出たところに、マンションのモデルルームの展示場があった。ひやかしでその展示場に行き、女子営業社員から熱心に説明を受けた。引き渡しは「来年の12月9日、日曜日、大安」なんと、その日はわたくしの50歳の誕生日。縁を感じて、購入申し込み。その後、抽選で当選して取得。

2）10年越しの夢の実現　　開業時、6坪の事務所の向かいに見えていたビル。入居しているテナントは1軒もなく、寂しそうに見えた。「なぜテナントが入っていないのか？」「いくらするのか？」と聞くと、「坪3000万円」という答え。その後バブル崩壊で土地は下がり、建築費は安くなり、金利は低くなった。開業して10年後に縁あってその土地を取得し、自社ビルを建設。

3）東京タワー、ジョン、ゼームス坂　　東京で投資目的でマンションを購入したい。それなら富士山、東京タワー、スカイツリーのいずれかが見える物件。大井町で三菱地所が建てたマンションから東京タワーが見えた！ その坂は、昔、ジョン・M・ゼームス（イギリス人）が急な坂をなだらかな坂にした功績を讃えて、ゼームス坂という。私のニックネームはジョン。私の仕事は税理士……。縁を感じて購入。

まとめ

縁は円なり
小人は縁に出おうて、縁に気づかず
中人は縁に出おうて、縁を生かさず
大人は袖すりあった縁をも生かす

人の縁　物の縁

日　時：令和２年８月22日（土）
主　催：大阪北区倫理法人会
講　師：株式会社ジェイエスケー　税理士法人ジェイエスケー
　　　　代表取締役　上能喜久治（大阪府倫理法人会　相談役）

はじめに

１）「縁がない」と言って嘆くあなたへ
縁は待っていても落ちてこない　縁は動いて、行動して、縁に出会う

２）万人幸福の栞　第３条　運命自招
P.37　「運命を切り開くは己である。境遇を作るも亦自分である。」
P.36「各人の運命は各人の手中にあり。」（シドニー・スミス）

Ⅰ　人の縁

１）調剤薬局の経営　　それは、開業したばかりの６坪の事務所から始まった。会計事務所に対する営業会社の女子営業社員が来て、ゆっくり話を聞く。お茶を出し、コーヒーを出し……。そのことにいたく感動。その彼女はその後医療コンサルタント会社に就職し、調剤薬局のＭ＆Ａの話を持ってきてくれた。そして、関連会社として、調剤薬局の経営に進出。現在、２社、10店舗、社員73名。

２）阪神大震災がもたらした縁　　当社の女子社員の妹の配偶者のお父さん。神戸市の岡本で震災に遭い、自宅が全壊。わたくしが、所有していたハイツに一時転居されてきた。入居中に定年退職され、ハイツの駐車場やご近所を掃除されている姿を妻が見て「一度あなたの会社に来てもらったら？……当社の社長室長として採用。５年間社長室長、その後調剤薬局の社長として活躍され、５店舗にして70歳にて退職。

３）同じツアーで出会った母娘　　私共夫婦が1991年、２人でハワイツアーに参加。そこで知り合った海外旅行が初めての母娘と親しくなった。その後、調剤薬局の出店の話を息子が進めていた。小児科の

・現在は妻と２人暮らし
・孫５人（全員男の子でうち１人は倫理研究所丸山敏雄創始者と同じ５月５日生まれ）

Ⅲ　当社の沿革

昭和63年２月	上能喜久治　税理士登録
７月	上能総合会計事務所　開設
	株式会社ジェイエスケー設立
	（日亜ビル３階：６坪）
平成１年４月	三住ビルに移転（３階：13.5坪）
平成３年４月	遠藤ビルを増設（４階：30坪）
６月	ＪＳＫサロンセミナーを始める
７月	富士登山セミナーを始める
平成５年４月	新卒者採用を始める
	エアテックトーアビルに移転（４階：104坪）
平成10年５月	株式会社エーエムサポートを関連会社とする
平成12年４月	ＪＳＫビルに移転（300坪）
平成15年６月	税理士法人ジェイエスケー設立
令和３年９月	ＪＳＫサロンセミナーを第360回で終了する

Ⅳ　倫理歴

平成13年７月	倫理法人会入会
平成14年４月	大阪北区倫理法人会初代会長（116社）
平成14年９月	法人レクチャラー
平成15年７月	「職場の教養」の表紙を飾る
平成19年９月	大阪府倫理法人会会長
平成23年１月	倫理経営インストラクター（資格）
平成23年９月	法人スーパーバイザー
平成28年９月	倫理17000認定（第209号）
平成28年11月	倫理ネットワーク「もの語り」に掲載
平成30年６月	「職場の教養」６月号の職教プラザに掲載
令和元年８月	法人ＳＶ退任

著者略歴

Ⅰ　自己紹介

生年月日：昭和 25 年 12 月 9 日（寅年・いて座）
血液型：AB 型
出身地：大阪府八尾市久宝寺
学　歴：大阪府立八尾高校、日本大学農獣医学部　畜産学科（現：生物資源科学部　動物資源科学科）
学生時代の夢：農場経営（大日本畜産株式会社という社名まで決めていた）
卒業後：滋賀県坂田郡山東町（現：米原市）で約 1000 坪の土地を父からの借入金で取得。「畜産公害反対」の署名運動により断念。アルバイトのつもりで東和レジスター販売株式会社に入社。経理部配属その後、財務部等を経て、昭和 63 年 6 月末日付で退職
現　在：税理士法人ジェイエスケー会長、株式会社ジェイエスケー代表取締役、関連会社で 2 社 10 店舗の調剤薬局を経営

Ⅱ　私の家族

・幼少の頃 8 人家族（祖父・祖母・叔母・父・母・兄・姉・私）
・実家は薬店経営兼農業
・農耕牛・鶏・アヒル・犬の世話をしていた
・自分より年下の近所の子を集めてガキ大将
・勉強嫌い・遊び大好き
・兄・姉は優等生　私は劣等生
・兄も姉も薬学部に進学し、薬剤師
・私は家畜人工受精師
・父は大正 3 年 9 月 4 日生まれ
・母は大正 9 年 9 月 4 日生まれ
・私が 30 歳の時、父逝去　母は平成 26 年 7 月 4 日に 93 歳で逝去
・妻と子ども 3 人（男・女・女）の 5 人家族

著　者　近　影

上喜元Ⅲ

―じょうきげんⅢ―

2025年3月1日初版第1刷発行

著　者――上能喜久治（じょうの・きくはる）
発行者――松岡利康
発行所――株式会社鹿砦社（ろくさいしゃ）
●本社／関西編集室
兵庫県西宮市甲子園八番町2－1　LS甲子園ビル301号　〒663-8178
Tel. 0798-49-5302　Fax.0798-49-5309
●東京編集室
東京都千代田区三崎町3－3－3　太陽ビル101号　〒101-0061
Tel. 03-3238-7530　Fax.03-6231-5566
URL　http://www.rokusaisha.com/
E-mail　営業部○ sales@rokusaisha.com
編集部○ editorial@rokusaisha.com

印刷所――中央精版印刷株式会社
本文DTP――株式会社風塵社
装　丁――西村吉彦

Printed in Japan　ISBN978-4-8463-1565-8　C0034
落丁、乱丁はお取り替えいたします。お手数ですが、弊社までご連絡ください。